인터뷰 사례 중심

상호주의관점 다문화 이해와 실제

최순자

KNOWLEDGE COMMUNITY 공동체

머리말

본 서의 제목에 '상호주의'를 붙인 이유는 결혼이주여성, 난민, 유학생을 동화의 관점이 아닌 있는 그대로 받아주자는 의미에서다. 단 본문에서는 독자의 이해를 돕기 위해 사회적으로 널리 사용하고 있는 '다문화'로 사용하기로 한다.

저자는 건강한 사회를 위해 누구나 존중받아야 한다는 생각에서 다문화 교육에 관심이 많다. 한국, 중국, 일본, 베트남 학자들과 현재까지 20여 년 넘게 다문화 이해 공동연구를 하고 있다. 이에 관련한 책은 일본과 미국에서 공동으로 출판하기도 했다. 다문화 가족 영유아교육과 부모교육의 중요성을 인식, 관련 자격 과정을 운영하기도 한다. 한 지역에서 다문화 가정을 약 5년간 만나 인터뷰했다. 덕분에 인터뷰이를 따라 2015년 12월 18일부터 27일까지 열흘 간 인도네시아 자카르타, 족자카르타, 발리를 다녀오기도 했다.

본 서는 2부로 구성했고, 이론보다 실제 중심으로 제시했다. 제1부에서는 다문화사회 이해와 실제에 반드시 필요하다고 생각하는 주제에 한정하여 다문화사회 이해, 다문화가족 교육지원 · 상담지원을 다뤘다. 제2부에서는 40여 명의 결혼이주여성 인터뷰 내용 중, 20명의 사례를 기술했다. 또 난민가족과 유학생 사례를 들었다. 결혼이주여성의 출신 나라는 필리핀, 베트남, 인도네시아, 몽골, 인도, 중국, 대만, 네팔, 일본 등이다.

결혼이주여성 20명 선정 기준은 그들이 한국 사회를 보고 있는 관점이 부끄러운 우리의 자화상을 드러내고 있지만, 이를 계기로 보다 성숙한 사회를 위한 마중물이 될 수 있는 언급을 해준 분들이다. 난민은 예멘에서 온 6남매를 둔 유학파 엔지니어를, 유학생은 아프리카 카메룬 출신으로 대학 설립 꿈을 꾸는 안경학 학도이다.

인터뷰 내용은 지역신문에 기고했던 글을 관계기관과 인터뷰이 승낙을 받아 정리했다. 감사한 마음이다. 또 어려운 여건에서 출판을 쾌히 허락해 주신 김동훈 대표님과 김원희 상무님, 편집부를 비롯한 공동체 가족에게도 감사를 전한다.

본 서를 실제 중심으로 다루게 됨은 저자의 의도이다. 한국 사회가 머리로 이해는 하나 가슴으로 받아들이고 행동은 부족하다는 생각에서다. 현재 다양한 다문화 이론서가 나와있다. 그럼에도 다문화가족에 대한 고정관념과 편견은 여전하다. 문제는 앎을 실천하지 않음이다. 본 서에 실린 다문화 사례를 통해 인식의 변화가 행동으로 이어지기를 기대한다. 무엇보다 사회 가치의 변화, 부모나 교사 등 어른들의 변화를 바란다. 그래야 아이들이 다양성을 존중하는 사람으로 성장하기 때문이다.

다양성이 존중받는 사회를 바라며

2022년 7월 최순자

차 례

Contents

PART

01

상호주의관점 다문화 이해

CHAPTER 01

다문화사회 이해

1. 다문화사회와 다문화가족 개념

2020년 3월 세계보건기구(WHO)에서 코로나19가 세계적으로 유행한다는 팬데믹을 선언했다. 3년째 코로나19를 겪으며 전 세계가 그야말로 서로 연결되어 있는 '지구촌'임을 실감하고 있다. '지구촌'이라는 말은 지구가 하나의 촌(村, village)이 되었다는 것을 의미한다. 전 세계의 국가 경계가 허물어져 하나의 공동체가 되어 여러 민족과 인종이 다양한 문화적 배경을 갖고 공존하는 시대가 되었다(송윤선 외, 2019).

다문화 관련 용어로는 다문화, 다문화주의, 다문화사회, 다문화가족, 결혼이주이민자가족, 다문화 이주자 등 다양하다.

다문화가족지원법에 명시된 다문화가족의 정의는 다음 〈표 1-1〉과 같다.

〈표 1-1〉 다문화가족지원법에 명시된 다문화가족 정의

제2조(정의) 〈개정 2011. 4. 4., 2015. 12. 1.〉
1. "다문화가족"이란 다음 각 목의 어느 하나에 해당하는 가족을 말한다.
   가. 재한외국인 처우 기본법 제2조 제3호의 결혼이민자와 국적법 제2조부터 제4조까지의 규정에 따라 대한민국 국적을 취득한 자로 이루어진 가족
   나. 국적법 제3조 및 제4조에 따라 대한민국 국적을 취득한 자와 같은 법 제2조부터 제4조까지의 규정에 따라 대한민국 국적을 취득한 자로 이루어진 가족
2. "결혼이민자 등"이란 다문화가족의 구성원으로서 다음 각 목의 어느 하나에 해당하는 자를 말한다.
   가. 재한외국인 처우 기본법 제2조 제3호의 결혼이민자
   나. 국적법 제4조에 따라 귀화허가를 받은 자
3. "아동·청소년"이란 24세 이하인 사람을 말한다.

출처 : 다문화가족지원법(개정 2011. 4. 4., 2015. 12. 1).

〈표 1－1〉에서와 같이 다문화가족지원법에서는 다문화가족은 결혼이민자, 대한민국 국적 취득자 등을 말한다. 일반적으로 다문화가족은 좁은 의미와 넓은 의미로 나누어 생각할 수 있다. 좁은 의미의 다문화가족은 한국인과 외국인의 국제결혼으로 구성된 가족, 즉 국제결혼가족을 일컫는다. 넓은 의미의 다문화가족은 결혼이민자, 이주노동자, 북한이탈주민, 유학생, 재외동포 등 우리와 다른 문화적 배경을 가진 사람으로 구성된 가족을 말한다. 본 서에서 주로 다룰 다문화사회와 다문화가족의 개념은 다음과 같이 정의한다.

다문화사회는 둘 이상의 다양한 인종이나 민족, 언어, 종교, 사회문화적 배경을 지닌 구성원으로 이루어진 사회를 말한다. 즉, 인종이나 종족, 문화적으로 다원화되어 있는 사회로 소수 집단 문화의 경계, 내국인 문화와 이주민 문화의 경계를 넘어서 서로의 문화를 가치 있게 여기고 존중하려는 사회(송윤선 외, 2019)이다.

2. 다문화사회 관점

다문화사회 관점은 차별적 배제주의 관점과 동화주의 관점, 다문화주의 관점으로 나눌 수 있다(이순형 외 2011). 이를 표로 나타내면 다음 〈표 1－2〉와 같다.

〈표 1-2〉 다문화사회 관점

관 점	의 미
차별적 배제주의	다문화가족을 이질적 집단으로 보고 차별하고 배제하는 관점
동화주의	한국 문화에 결혼이주여성이나 북한이탈주민, 난민, 유학생들이 동화되기를 바라는 관점
다문화주의	사회의 다문화 동존 현상을 인정하고 개인의 문화 차이를 수용하며 문화적 다양성을 존중하는 관점

출처 : 이순형 외(2011).

차별적 배제주의 관점은 다문화가족을 이질적 집단으로 보고 차별하고 배제하는 관점을 말한다. 이는 다문화가족에 대한 이해와 배려가 없는 상태에서 비롯된다. 한국에 다문화가족이 등장하고 정부에서 다문화정책을 본격적으로 도입한 지 오래되었지만 아직도 여전히 이 관점이 많다.

동화주의 관점은 한국 문화에 결혼이주여성이나 북한이탈주민, 난민, 유학생들이 동화되기를 바라는 관점이다. 이는 일본 식민지배 때 일본이 우리 민족을 황국신민으로 만들기 위해 사용한 동화정책과 같은 것이다. 결혼이주여성의 정체성이나 그들의 문화적 특성을 인정하지 않고 한국 문화에 순응하기를 바라는 관점이다.

다문화주의 관점은 사회의 다문화 동존 현상을 인정하고 개인의 문화 차이를 수용하며 문화적 다양성을 존중하는 관점이다. 바람직한 사회를 구성하기 위해서는 다문화주의의 통합의 관점을 가져야 한다. 또 동화, 민족화 관점, 시혜적 관점이 아닌 평등한 지위를 가진 사회구성원 관점 접근이 필요하다.

3. 다문화사회 등장 배경

다문화사회는 세계적인 추세이다. 베를린 장벽 붕괴와 구소련 해체 등으로 서구 사회는 격변을 겪었다. 또한 자연인구 감소로 인한 노동력 감소, 상대적으로 인구 증가 폭이 큰 제3세계로부터 노동력 충원, 지구촌화로 노동자, 난민 유입이 대거 이루어지고 있다. 자신이 태어난 나라가 아닌 다른 나라에서 사는 사람이 2억이 넘는다.

다문화주의는 1970년대 캐나다에서 다수의 서로 다른 인종 및 민족 간에 발생하는 각종 사회문화적 차별과 갈등 문제를 해결하기 위한 개념으로 사용되기 시작했다(장인실 외, 2014).

1990년대 중반에 한국 사단법인 '국경없는마을'이 결성되었다. "상이한 국적, 인종, 문화적 배경, 성, 연령, 계층적 귀속감 등에 관계없이 … 보편적 인권

개념에 기초해서, 다양한 문화 주체가 상호 존중하며 어우러져 살아갈 수 있는 공동체 문화와 제도적 인프라를 만들어 내기 위해 집합적인 노력을 경주하는 것"을 다짐한다(사단법인 국경없는마을, 2006, 장인실 외, 2014 재인용). 다문화사회는 소수집단의 참여와 기회의 평등이 있어야 한다는 점을 강조한다.

한국의 다문화가족의 시작은 주한미군과 한국 여성 간의 국제결혼을 그 시발점으로 볼 수 있다. 그러나 사례가 많지 않고 결혼 이후 정착지가 외국인 까닭에 다문화가족 확산까지 이어지지는 않았다.

1990년대에 들어서 성비의 불균형 현상이 나타났다. 즉, 남성의 숫자가 여성의 숫자를 월등히 초월하게 되었다. 그로 인하여 여성들의 농촌 총각과의 결혼 기피 현상이 나타났다. 이에 범정부적으로 농촌 총각 장가보내기 운동이 본격적으로 시작되었다. 이와 같은 영향으로 다문화가족은 1995년 이후에 크게 증가하게 되었다.

또한 1980년대 후반부터 제조업과 건설업 분야 등 3D 업종 중심으로 인력난이 생기게 되어, 외국인 이주노동자가 유입되기 시작한다. 1993년 11월 외국인산업연수제도로 그 수가 증가되나 그들은 산업연수생 노동자로서 그 지위를 인정받지 못해 노동인권 침해 등의 사회문제가 유발되었다.

이에 정부는 2003년 8월에 고용허가제도를 시행하게 된다. 외국인 노동자들도 노동자로서의 지위를 인정받는다. 외국인 노동자들은 가족을 한국으로 불러들이거나 외국인 노동자 간의 혼인과 동거로 다문화가정을 이루게 된다.

북한이탈주민도 다문화사회 증가에 한몫을 하게 된다. 그들은 한국과 같은 민족이지만 70여 년에 걸친 언어·문화적 차이로 다문화가정의 성격을 지닌다. 북한이탈주민이 급증하게 된 원인은 1990년대 중반에 북한의 식량난으로 중국으로 이탈 주민이 발생하게 된 것이다. 그들은 한·중 수교로 남한으로 이주하게 되고, 이에 따라 북한이탈주민은 2000년대에 급증하였다.

4. 다문화사회 구현원리

다문화사회에서는 상호 이해, 협력, 공존의 사회문화적 풍토를 형성하고 평화적이고 조화로운 사회를 구성하도록 노력해야 한다. 다문화사회의 구현원리는 인권, 자유, 정의, 민주주의의 가치에 바탕을 두어야 한다(장인실 외, 2014). 이를 표로 나타내면 다음 〈표 1-3〉과 같다.

〈표 1-3〉 **다문화사회 구현원리**

구현원리	내 용
인 권	모든 상황에서 무조건적으로 지지되어야 하는 자연권
개인성	다문화사회는 개인성을 바탕으로 평등하고 자유로운 개인, 사회의 구성인자는 개인, 주도적인 행위 주체를 추구해야 함
사회정의	다양한 사회문화적 소수 집단에게 공정한 정책적 지원과 배려를 제도화 필요
민주주의	모든 개인이 법 앞에 평등한 존재로서 다양한 형태의 부당한 차별로부터 보호받을 권리가 있으며, 사회 공동체의 형성과 운영의 주체로서 참여할 수 있는 균등한 기회를 요구할 수 있음

출처 : 장인실 외(2014).

1) 인 권

인권은 모든 상황에서 무조건적으로 지지되어야 하는 자연권이다. 1948년에 세계인권선언(30개 조항, 부록 참조)에 구체적인 내용이 명시되어 있다. 이후 1966년에 유엔총회에서 '경제, 사회 및 문화적 권리에 관한 국제협약'과 '시민권 및 정치적 권리에 관한 국제협약'이 채택되었고, 1976년에 국제법 지위를 획득하게 되었다.

2) 개인성

다문화사회는 개인성을 바탕으로 평등하고 자유로운 개인, 사회의 구성인자는 개인, 주도적인 행위 주체를 추구해야 한다.

3) 사회정의

사회는 정치적, 경제적, 사회문화적 억압구조를 외면한 채 문화적 차이 자체에만 주의를 기울일 경우, 사회정의 실현에 역행할 수 있다. 따라서 다양한 사회문화적 소수 집단에게 공정한 정책적 지원과 배려를 제도화하는 것이 다문화주의가 직면하고 있는 주요 과제이다.

4) 민주주의

민주주의의 원칙은 모든 개인이 법 앞에 평등한 존재로서 다양한 형태의 부당한 차별로부터 보호받을 권리가 있으며, 사회 공동체의 형성과 운영의 주체로서 참여할 수 있는 균등한 기회를 요구할 수 있음을 천명하고 있다. 그러므로 민주주의는 '민권'으로서의 다문화주의의 사회적 구현을 정당화하는 원칙이다.

한국 다문화주의가 직면한 도전이 있다(장인실 외, 2014). 즉, 다양한 문화와 정체성이 인정되고 모든 개인이 시민으로서의 평등한 지위와 균등한 기회를 보장받을 수 있는 다문화사회에 대한 구체적인 비전을 설정할 필요성이 있다. 또 형식적인 정책이 아닌 한국 사회의 집단적 정체성과 그 구성원의 개인적 정체성을 재규정하는 이념적 지침을 제공해야 한다. 한편 다양한 소수집단의 주도적 권리 주장과 참여와 주류 다수 집단의 적극적인 동참이 있어야 한다. 다문화사회의 이상적 모형 설정은 지구화 시대 한국 사회 전체의 미래 진로와 운명을 결정할 중요한 일이다.

CHAPTER 02

다문화가족의 교육지원

다문화가족 교육지원은 그들이 사회구성원으로 함께 살아가기 위해서는 필수불가결하다. 먼저 다문화교육 연구방향과 다문화교육 범주를 살펴본다. 또 다양성이 공존하는 사회를 위해서는 고정관념과 편견이 덜한 영유아기부터 교육이 필요하므로, 영유아기 다문화교육을 살펴보기로 한다. 마지막으로 다문화가족 부모교육을 다룬다.

1. 다문화교육 연구방향과 범주

1) 다문화교육 연구방향

최근 한국의 학문적 연구 동향에서 가장 주목을 받고 있는 영역 중 하나는 다문화교육이다. 한국에서 다문화교육에 대한 연구가 학문적 차원에서 본격적으로 1984년부터 이루어지게 되었다. 장인실과 그의 동료들(2014)은 다문화교육 연구방향을 다음과 같이 제언한다.

첫째, 연구 영역과 연구 방법의 다양성 추구로, 연구 영역과 연구 방법이 다양해져야 한다. 현재 다문화가족 구성원의 출신 국가별 다문화교육이나 문화에 대한 연구를 할 필요성이 있다.

둘째, 다문화가족 부모 및 성인 연구의 필요성으로, 현재까지는 다문화가족 자녀에 관한 연구가 많으나 부모 및 성인에 대한 연구가 많아져야 할 필요성이 있다.

셋째, 세대별, 출신 국가별, 이주 형태별 세분화 연구로, 다문화가족에 대해

보다 구체적으로 세대별, 출신 국가별, 이주 형태별 세분화 연구가 이루어져 각각의 요구를 파악하고 충족해 갈 수 있도록 해야 한다.

2) 다문화교육 범주

바람직한 다문화사회를 만들어 가기 위해서는 영유아기부터 다문화가족에 대한 이해를 바탕으로 한 교육이 이루어져야 한다. 지금까지 연구에 의하면, 1세에서 3세의 영아도 점차 피부색 차이 등을 인식할 수 있다. 또 영유아기는 가역성이 큰 시기이므로 다문화 감수성 교육은 영유아의 발달에 긍정적 영향을 미칠 뿐 아니라, 교육효과도 기대할 수 있다(崔順子, 2006).

베넷(Bennett, 2007) 다문화교육의 범주를 다음 〈표 2-1〉과 같이 나누고 있다(장인실 외, 2014 재인용).

〈표 2-1〉 다문화교육 범주

범 주	내 용
평등교육	평등지향 운동을 통해 평등교육
교육과정 개혁	다양한 관점에서의 교육과정 재검토
다문화 역량	문화 간 상호작용의 기초로서 자신의 문화 관점뿐 아니라 타인의 문화 관점도 이해하게 되는 과정을 통해서 이루어지도록 해야 함
사회정의	사회정의 지향 교육으로 모든 유형의 차별과 편견, 특히 인종주의·성차별주의·계급차별주의에 대해 저항하도록 해야 함

출처 : Bennett(2007), 장인실 외(2014) 재인용.

다문화교육 범주는 첫째, 평등교육으로 평등지향 운동을 통해 평등교육을 해야 한다. 둘째, 교육과정 개혁으로 다양한 관점에서 교육과정 재검토해야 한다. 셋째, 다문화 역량으로 문화 간 상호작용의 기초로서 자신의 문화 관점뿐 아니라 타인의 문화 관점도 이해하게 되는 과정을 통해서 이루어지도록 해야 한다. 넷째, 사회정의로 사회정의 지향 교육을 통해 모든 유형의 차별과 편견, 특히 인종주의·성차별주의·계급 차별주의에 대해 저항하도록 해야 한다. 이러한 범주의 다문화교육은 강의, 집단 토의, 역할극, 상호작용 전략과 기법, 교재와 교구 개발, 인물·명절·문화 등을 활용하여 할 수 있다.

2. 영유아기 다문화교육

1) 영유아기 다문화교육 필요성

다문화가족에 대한 반편견이나 잘못된 고정관념을 갖지 않도록 하기 위해서는 영유아기부터의 다문화교육이 필요하다. 최현정과 그의 동료들(2012)은 영유아 다문화교육의 필요성을 다음과 같이 본다.

첫째, 다양한 환경에의 적응을 위해 영유아기부터 필요하다. 둘째, 문화의 유사점과 차이점에 대한 이해가 만 2세부터 나타나기 때문이다. 셋째, 인종적 차이 구분, 신체적 특징, 의상, 언어 등의 유사점과 차이점을 구별할 수 있기 때문이다. 넷째, 영유아의 자아정체감 형성에 중대한 영향을 미치고, 인종, 민족, 성, 사회적 계층에 대한 편견이나 고정관념이 형성되게 되는 영유아기의 다문화교육은 필수이다. 한편 브로크만(Brockmann, 2006, 최현정 외, 2012 재인용)이 제시한 영유아기 다문화교육의 필요성은 다음 〈표 2-2〉와 같이 다섯 가지이다.

〈표 2-2〉 영유아기 다문화교육 필요성

근 거	내 용
심리학습적 관점	영유아는 자신을 가까운 사람과 동일시하고 전수받아 낯선 사람이나 사물과의 만남에서 경계와 불신 등과 같은 것을 주변 사람들에게 배워 적용하고 표현함
부모 영향	영유아는 심리적 거리가 가까운 부모의 양육 방식의 영향을 가장 많이 받음
인지 발달	생후 1세가 되면 차이가 되는 특징을 인식한다. 2세가 되면 외모의 차이인 성, 피부색 등을 인식한다. 3세에서 7세는 다른 문화, 이종, 언어형태들로 전수받은 인상 내지 감각을 그대로 받아들임

낯가림 발달	생후 8개월이 되면 낯선 사람에 대한 불안을 느끼며 동시에 매력이라는 상반된 가치를 갖게 되는 시기
낯선 사람에 대한 지각발달	영유아는 새로운 것, 낯선 것을 차단하기도 함

출처 : Brockmann(2006), 최현정 외(2012) 재인용.

영유아기 다문화교육의 필요성은 첫째, 심리학습적 관점에서 영유아는 자신을 가까운 사람과 동일시하고 전수받아 낯선 사람이나 사물과의 만남에서 경계와 불신 등과 같은 것을 주변 사람들에게 배워 적용하고 표현하기 때문이다. 둘째, 부모의 영향으로 영유아는 심리적 거리가 가까운 부모의 양육 방식의 영향을 가장 많이 받기 때문이다. 다문화 특성화 어린이집임에도 불구하고, 자신의 자녀가 한국보다 경제적 수준이 낮은 나라에서 온 결혼이주민 다문화가정 자녀와 어린이집에서 놀 경우, 어린이집으로 어떻게 그 자녀와 놀게 되었는지 문의 전화가 온 경우도 있다. 셋째, 인지 발달로 생후 1세가 되면 차이가 되는 특징을 인식한다. 2세가 되면 외모의 차이인 성, 피부색 등을 인식한다. 3세에서 7세는 다른 문화, 인종, 언어형태로 전수받은 인상 내지 감각을 그대로 받아들인다. 넷째, 영유아의 낯가림 발달로 생후 8개월이 되면 낯선 사람에 대한 불안을 느끼며 동시에 매력이라는 상반된 가치를 갖게 된다. 다섯째, 낯선 사람에 대한 지각발달로 영유아는 새로운 것, 낯선 것을 차단하기도 하기 때문이다.

2) 영유아 다문화교육 의의

영유아기 다문화교육의 의의는 다음과 같다(최현정 외, 2012). 첫째, 문화적인 차이와 다양성 인정으로 다양성에 기초하여 민주주의, 평등, 인간의 권리, 사회정의라는 절대 선의 실현을 영유아 다문화교육으로부터 시작할 수 있다. 둘째, 관계형성 능력 계발로 편견과 갈등을 해소하여 적극적 관계를 형성하는 실천적 의의를 갖는다. 셋째, 사회통합 기여로 타문화에 대한 이해와 존중이 강화되면 편견과 고정관념이 줄어들 수 있고, 이는 곧 소수집단의 심리적 억압을 해소하게 되어 사회 전체적으로 갈등을 줄이고 원만한 사회통합에 기여할 수 있게 된다. 넷째, 민주주의 가치 실현으로 평등을 추구하는 민주주의 가치를 실현할 수 있다. 이를 통해 영유아의 긍정적 자아정체감 발달, 상호존중, 유사점과 차이점을 이해할 수 있다.

3) 다문화교육과 교사

많은 연구에서 문화적 다양성에 대한 교사의 지식, 태도, 신념 등이 영유아의 발달에 영향을 미친다고 하였다. 다문화교육과 교사의 관계성은 다음과 같다(이순형 외, 2011). 첫째, 교사의 신념이 실제 다문화교육에 영향을 미친다. 둘째, 교사의 신념이 일상 행동에 자연스럽게 반영된다. 셋째, 교사의 특성이 다문화교육 신념에 영향을 미친다. 넷째, 교사의 기대가 영유아의 행동과 능력에 영향을 미친다. 다섯째, 다문화교육은 교사 자신에게서 시작된다.

이에 따라 교사는 다문화 역량으로서 다음과 같은 지식·기능과 태도를 갖춰야 한다(이순형 외, 2011). 첫째, 다문화교육 패러다임에 대한 지식을 갖춰야 한다. 문화적 박탈-결손 회복에 중점을 두고 사회가 중시하는 주류 사회와 다름으로 인한 결핍이라는 인식으로 다양성을 인정해야 한다. 둘째, 문화의 상대적 의미 및 다양성에 대한 인식이 필요하다. 셋째, 주요 민족 집단에 대한 역사와 문화에 대한 지식을 가져야 한다. 넷째, 다양한 배경의 영유아에게 적용할 교수법적 기능을 지녀야 한다. 다섯째, 교사 자신의 편견이나 고정관념을 점검하고 시정해야 한다. 여섯째, 교사의 다문화 효능감 증진의 필요성을 인식해야 한다. 일곱째, 다문화가족 영유아에 대한 배려가 필요하다.

한편 장인실(2008)은 6단계 다문화이해 교사교육을 제시한다. 이를 표로 나타내면 다음 〈표 2-3〉과 같다.

〈표 2-3〉 다문화이해 교사교육

단 계	내 용
1단계	인종, 민족, 문화, 성별에 대한 지식 습득
2단계	지구 상황과 세계적 역학관계 인식
3단계	자아와 민족 정체성 확립
4단계	차별과 편견 없는 태도 형성
5단계	교육과정 개혁을 위한 다문화적 능력 배양
6단계	사회정의를 향한 행동 기술 습득

출처 : 장인실(2008).

다문화이해 교사교육 1단계는 인종, 민족, 문화, 성별에 대한 지식 습득이다. 먼저 지식적으로 교사는 인종, 민족, 문화, 성별에 대한 특성과 기본적 사항을 습득할 필요가 있다. 2단계는 지구 상황과 세계적 역학관계 인식이다. 교사는 전 지구적 관점과 세계의 역학관계를 알고 있어야 한다. 이를 위해서는 인문학적 소양을 바탕으로 통찰력을 기를 필요가 있다. 3단계는 자아와 민족 정체성 확립이다. 교사 자신은 물론 한국 민족 정체성을 바탕으로 다문화 이해를 할 수 있어야 한다. 4단계는 차별과 편견 없는 태도 형성이다. 교사가 먼저 열린 의식으로 다문화가족에 대한 차별과 편견이 없어야 한다. 교사의 태도는 영유아에게 영향을 미친다. 5단계는 교육과정 개혁을 위한 다문화 능력 배양이다. 교육과정 개혁을 통해 교사가 실질적인 다문화 능력을 갖추어야 한다. 6단계는 사회정의를 향한 행동 기술 습득이다. 교사는 사회 전체를 파악하고 사회 정의에 관심을 갖고 행동할 수 있어야 한다.

또 교사는 다문화교육 환경구성을 해야 한다. 영역별 교육자료를 준비해야 한다. 내용으로는 반편견 관련 자료, 그림, 사진, 시각적 자료로, 예를 들어 도서영역에는 다문화 관련 동화책, 여러 나라 언어로 쓰인 동화책, 세계 여러 나라 엽서, 지도, CD, 인종을 나타내는 막대인형, 손인형 등을 둔다.

영유아기 다문화교육의 중요성을 인식한 교사가 숙지해야 할 영유아 교사 지침은 다음과 같다(보건복지부, 2009). 먼저 교사가 다문화가족 영유아를 대할 때 알아야 할 사항이다.

① 다문화가족 영유아가 외국인 엄마와 엄마의 나라에 대해 자랑스럽게 여길 수 있도록 한다.
② 다문화가족 영유아의 강점을 친구들에서 부각시켜 준다.
③ 다문화가족 외국인 엄마를 교실에 초정하여 자국의 문화에 대하여 소개하는 시간을 마련한다.
④ 사람마다 차이점과 유사점이 있음을 알도록 하고 다른 사람이 가진 특성을 인정하고, 자신이 가진 특징을 긍정적으로 받아들이도록 한다.

다음은 교사가 다문화가족 부모를 대할 때 알아야 할 사항이다.
① 다문화가족 부모는 한국의 일반 가정의 부모와 다른, 자녀양육상의 독특한 어려움을 경험할 가능성이 크므로, 그들이 경험하고 있는 어려움을 파악하는 것이 가장 중요하다.
② 다문화가족의 부모와 영유아에 대한 적절한 평가를 할 수 있어야 한다.
③ 다문화가족의 부모와 영유아를 평가 및 진단하는 도구들과 평가결과의 해석에 문화적 편견이 작용할 수 있음을 알고 주의를 기울인다.
④ 한국적 개입방법이 다문화 가족의 가치 및 신념과 충돌할 가능성이 있음을 인지하고 개입과정에서 차별과 편견요소를 제거한다.
⑤ 문화권에 따라 자녀양육방식과 양육에 대한 가치, 신념이 다를 수 있음을 이해하고 존중하는 개방적이고 긍정적인 태도를 가져야 한다.
⑥ 문화권에 따라 생활양식이 다를 수 있음을 이해하고 존중한다.
⑦ 문화권에 따라 의사소통방식이 다를 수 있음을 이해하고 존중한다.
⑧ 아시아권에 속한 다문화가족의 경우 표면적으로는 유사한 문화적 특성을 보일지라도 문화 내적인 면에서 한국 문화와 상이한 배경과 가치관, 세계관, 그리고 독특한 특성을 가지고 있다는 점을 유념한다.
⑨ 교사가 다문화가족의 모든 문화적 특성과 가치를 이해하거나 알 수는 없으나 문화적 차이로 인해 어린이집 생활에서 발생할 수 있는 왜곡된 해석을 방지하기 위해 다문화가족 부모와 영유아의 문화를 이해하려는 열린 태도가 있어야 한다.

⑩ 문화권에 따라 자녀양육방식에 차이가 있을 수 있지만, 자녀의 건강, 영양, 위생과 안전, 정서적 안정감 형성을 위협하는 양육방식은 교육과 지도를 통해 수정해 나가야 한다.

⑪ 다문화가족 영유아가 엄마와 엄마의 나라에 대하여 자랑스럽게 여기는 것이 영유아의 건강한 발달에 도움이 됨을 알고 다문화가족 엄마가 자긍심을 갖도록 하고, 자기 나라를 자랑스럽게 여길 수 있도록 한다.

⑫ 다문화가족 엄마의 모국어 사용을 장려하여 엄마에 대한 수치심 및 열등감을 없애도록 한다.

⑬ 다문화가족 엄마가 모국어로 편안하게 자녀와 상호작용함으로써 긍정적인 부모-자녀 관계를 형성하여 자녀와 친밀감을 형성하게 한다. 이를 토대로 자녀가 정서적 안정감을 형성하도록 격려한다.

⑭ 다문화가족 아버지가 자녀양육에 관심을 가지고 참여할 수 있는 방안을 마련한다.

4) 다문화교육 내용과 교수방법

다문화교육 내용은 문화, 협력, 편견, 정체성 형성, 평등성, 다양성을 토대로 진행할 수 있다(채정란, 1999). 영유아 다문화교육의 교수방법은 수준별로 나누어 진행할 수 있다(Bnanks, 2004, 최현정 외, 2012 재인용). 이를 표로 나타내면 다음 〈표 2-4〉와 같다.

〈표 2-4〉 영유아 다문화교육 교수방법

수 준	내 용
1수준 : 기여도중심 접근법	영웅, 국경일 등 다문화적 요소에 초점을 맞춘다.
2수준 : 부가적인 접근방법	보육과정의 기본 틀을 유지하면서 다문화 내용, 개념, 관점을 부각시킨다.
3수준 : 변환적 접근방법	보육과정을 다문화 관점에서 다각화시킨다.
4수준 : 사회적 행동을 통한 접근방법	다문화 관심사나 주제에 대하여 의사결정에 영유아를 참여시키고 활동하게 한다.

출처 : Bnanks(2004), 최현정 외(2012) 재인용.

1수준은 기여도중심 접근법으로 영웅, 국경일 등 다문화적 요소에 초점을 맞춘다. 2수준은 부가적인 접근방법으로 보육과정의 기본 틀을 유지하면서 다문화 내용, 개념, 관점을 부각시킨다. 3수준은 변환적 접근방법으로 보육과정을 다문화 관점에서 다각화시킨다. 4수준은 사회적 행동을 통한 접근방법으로 다문화 관심사나 주제에 대하여 의사결정에 영유아를 참여시키고 활동하게 한다.

한편 박신경(2008)은 그림책을 활용한 다문화교육 3단계를 다음과 같이 제시한다. 이를 표로 나타내면 다음 〈표 2-5〉와 같다.

〈표 2-5〉 그림책을 활용한 다문화교육

단 계	내 용
1단계 : 주제 맛보기	전체 다문화교육을 위하여 다문화에 대해 개관하고 사전 지식을 활성화하며 세계 문화와 민족에 대한 동기와 흥미를 부여한다.
2단계 : 다민족과 다문화 알아보기	그림도서의 내용과 함께 그림을 통해 여러 민족의 모습과 문화의 특징을 학습하고, 의식주를 중심으로 나라별 민속 문화, 문화의 차이와 다양성의 까닭 알기 등으로 다문화를 알기 위한 활동을 한다.
3단계 : 함께 생각하기	외국인의 수용에 관한 문제를 다룬 동화를 통해 자국 문화와 타 문화를 접할 때 가져야 할 태도를 생각하고 토의하는 시간을 갖는다.

1단계는 주제 맛보기로 전체 다문화교육을 위하여 다문화에 대해 개관하고 사전 지식을 활성화하며 세계 문화와 민족에 대한 동기와 흥미를 부여한다. 2단계는 다민족과 다문화 알아보기로 그림도서의 내용과 함께 그림을 통해 여러 민족의 모습과 문화의 특징을 학습하고, 의식주를 중심으로 나라별 민속 문화, 문화의 차이와 다양성의 까닭 알기 등으로 다문화를 알기 위한 활동을 한다. 3단계는 함께 생각하기로 외국인의 수용에 관한 문제를 다룬 동화를 통해 자국 문화와 타 문화를 접할 때 가져야 할 태도를 생각하고 토의하는 시간을 갖는다.

그림책을 활용한 다문화교육 프로그램 진행 모델로 박성연(2001)은 『아프리카 소년 샤카』를 이용해 다음 단계의 제시를 제안한다.

① 도입

주의 집중을 하도록 한다.

예 아프리카 사람이나 동물 사진 소개

아프리카를 배경으로 한 〈키리쿠 키리쿠〉 비디오를 보여준다.

② 상호작용

지구본이나 그림책 사용해서 이야기 나누기, 예를 들어 아프리카에 대한 생각 묻기를 할 수 있다. 또 부족한 문화 정보 알려주기, 편견 줄여주기 등을 한다.

③ 적용

표지에 대해서 이야기 나누기(모습, 옷 등), 그림책 읽어주기(실물화상기 이용), 그림책 내용에 대해 이야기 나누기(등장인물, 자연환경 등) 활동을 한다.

④ 확장

그림책 연계 확장활동(책 만들기 등), 선택활동(동극이나 역할극), 환경구성(도서, 그림, 사진, 지도, 신문자료, 지도 등)을 한다.

영유아를 대상으로 의생활을 이용한 다문화교육을 진행할 수 있다(장인실 외, 2014). 그 의의는 민속복식과 의생활용품과 같은 친숙한 소재를 활용한 문화의 보편성 이해, 다양한 문화에 대한 간접 체험 경험의 증대, 다른 문화에 대한 인정 및 실천이다. 활동 진행은 의생활 관련 소재 선정, 의생활 관련 사전 교육, 의생활 용품에 대한 공유, 평가로 할 수 있다. 또 국기를 활용한 손가락 인형 만들기로 문화의 다양성 이해하기 활동도 가능하다(장인실 외, 2014).

5) 영유아 다문화교육 사례 : 서울대학교어린이다문화교육센터[1)]

2012년 7월 이전에 운영했던 서울대학교어린이다문화교육센터의 사례를 살펴본다. 오전 프로그램은 다음과 같다.

(1) 주제탐구표현 활동

통합적 접근을 한다.

(2) 다문화 다언어 프로그램

① 프로젝트접근법

3세 30분, 4세 40분 주 4회 진행한다. 프로젝트접근법은 한국어뿐 아니라 외국어로도 진행한다.

② 써클타임

3세 30분, 4세 20분 주 4회 실시한다. 그 내용은 신체활동, 노래, 이야기하기, 공작활동 등 여러 나라 언어로 활동한다.

③ 이중 언어 환경 제공자의 교사방문일

3세 60분, 4세 60분 주 1회로 실시한다. 이는 다양한 공간에서 활동한다.

(3) 숲 활동 체험 프로그램

인종, 민족, 국적에 따른 차별과 소외 없이 모든 영유아가 공평한 기회를 가질 수 있는 활동이다. 담임교사와는 매일, 주 1~2회는 숲 생태 전문가와 담임교사가 함께 활동한다. 오후 프로그램은 클럽활동, 특별활동으로 진행된다.

① 클럽활동

여러 주제에 따라 개설된 클럽(음악율동반, 축구반, 요리반, 북클럽, 과학, 모래놀이, 예절교실, 줄놀이 등) 중에서 영유아가 참여하기를 원하는 클럽에서 활동한다. 이는 매주 2회 오후 1시간 동안 담임교사와 함께 진행한다.

---

1) 2012. 7. 어린이보육지원센터로 개편

② 특별활동

미술, 체육, 음악, 발레, 국악 등을 전공 대학원생이 지도한다.

서울대학교어린이다문화교육센터에서는 국립국어원 위탁으로 유아용 한국어 프로그램 개발, 다문화가족 유아용 : 주별 활동지(56주), 그림책(14권), 오디오자료(3종), 개념어 사전(2권), 방문교사 : 프로그램 총서, 교사용활동 안내서(2권), 성취평가도구(2권), 다문화가족 부모 : 언어지도서Ⅲ(7개국 국어+한국어), 부모용 활동 안내서(2권)를 개발하기도 했다.

3. 다문화가족 부모교육

다문화가족 부모 중 엄마의 특성은 다음과 같다(신은희 외, 2012). 의사소통의 어려움, 낯선 문화의 차이로 인한 갈등, 한국인들의 편견과 차별, 여성 결혼이민자들의 코리안 드림, 사회참여 기회 부족, 외부 취업활동의 제약 등이다.

다문화가족 부모교육의 방법으로는 가정통신문, 홈페이지 게시판, 부모상담, 가정방문, 전자우편, 보조교사, 워크숍 강연회 등이다. 어머니 부모교육 프로그램은 다음 〈표 2-6〉, 〈표 2-7〉과 같은 회기와 내용으로 진행할 수 있다(신은희 외, 2012).

〈표 2-6〉 어머니용 부모교육 프로그램 1

회 기	내 용
1회기	오리엔테이션 및 자기소개
2회기	나와 자녀의 관계 이야기
3회기	나와 자녀의 관계 증진하기1
4회기	나와 자녀의 관계 증진하기2
5회기	엄마로서의 자신의 모습 찾기
6회기	엄마로서의 출발

출처 : 신은희 외(2012).

1회기는 오리엔테이션 및 자기소개를 한다. 2회기에는 나와 자녀의 관계 이야기를 나누고, 3회기는 나와 자녀의 관계 증진하기1로 어린이집에 보내면서 어려운 점, 한국의 교육제도 이해 등을 나눈다. 4회기에는 나와 자녀의 관계 증진하기2로 자녀의 발달 연령별 특성이나 차이 등을 이해한다. 5회기에는 엄마로서의 자신의 모습 찾기로 장점, 강점 등을 찾아보도록 한다. 6회기에는 엄마로서의 출발로 자신이 바라는 모습, 자녀에게 하고 싶은 말 등을 나눈다.

〈표 2-7〉 **어머니용 부모교육 프로그램 2**

회 기	내 용
1회기	오리엔테이션 및 자기소개
2회기	부부관계1
3회기	부부관계2
4회기	자녀관계1
5회기	자녀관계2
6회기	나의 장점

출처 : 신은희 외(2012).

1회기에는 오리엔테이션 및 자기소개를 진행한다. 2회기는 부부관계1로 배우자 문화 알기, 친밀감 증진 등을 하도록 한다. 3회기는 부부관계2로 부부간 의사소통, 협력적 부부관계 형성 등을 한다. 4회기는 자녀관계1로 자녀에게 보이는 내 모습, 아버지 역할 이해를 하도록 한다. 5회기는 자녀관계2로 자신의 부모역할 점검, 자녀의 발달단계와 아버지 역할 등을 나눈다. 6회기는 나의 장점 찾기로 나의 장점을 찾아보고 가족과의 미래 설계, 앞으로의 다짐 등도 나눈다.

다문화가족 부모지도 지침은 다음과 같다(민성혜 외, 2011).

① 구체적이고 실제적인 자료 제공

② 해당 국가의 양육문화에 대한 기초적인 지식

③ 집단지도를 통해 파트너십 구축

④ 자신감 향상 교육
⑤ 자녀의 행동이 문제행동인지 아닌지에 대한 판단
⑥ '다 아는 거 아닌가?'라는 생각하지 않기
⑦ 교사 자신이 해당 국가에 대한 부적절한 편견을 갖고 있지 않는지 점검

다문화가족 부모상담 시는 다음 사항을 유의해야 한다(신은희 외, 2011).
① 부모와 인사를 나누며 라포 형성
② 개별상담의 취지 안내
③ 비밀은 보장된다는 것을 알려주고, 부모와의 신뢰감 형성
④ 영유아의 문제에 대해서 긍정적으로 먼저 표현
⑤ 다문화가족 부모에게 천천히 정확한 발음과 부드러운 말로 대화
⑥ 부모와 함께 지도할 사항에 대해서 논의
⑦ 직접적인 충고보다는 해결책은 부모의 의사결정
⑧ 상담시간 지키기

교사의 다문화교육의 중요성을 인식한 미국의 워싱턴주립대학교에서는 다문화교육 전과과정, 다문화교육센터, 사범대에 석·박사 과정 운영을 운영하고 있다. 한국도 다문화 이해에 대한 교사 양성과 재교육을 고려해야 한다.

CHAPTER 03

다문화가족의 상담지원

다문화가족 상담지원을 다문화가족 상담자 자질, 다문화가족 상담 원리, 다문화가족 자녀 상담전략, 다문화가족 상담자 역량, 다문화가족 갈등 관리를 살펴본다.

1. 다문화가족 상담자 자질

다문화가족 상담자는 인간적 자질과 전문적 자질로 나누어 살펴볼 수 있다 (장인실 외, 2014).

1) 상담자의 인간적 자질

다문화가족을 상담할 상담자의 인간적 자질은 다음과 같다.

① 인간에 대한 깊은 관심

② 원숙한 적응 상태

③ 자신 및 타인의 감정 인식, 수용 능력

④ 대화에 대한 편안함

⑤ 의미 있는 인간관계 형성 및 유지 능력

⑥ 자기성찰적 태도

2) 상담자의 전문적 자질

다문화가족을 상담할 상담자의 전문적 자질은 다음과 같다.

① 상담 진행 과정에서 요청되는 전문적 자질
② 내담자의 관계에서 요청되는 전문적 자질
③ 상담자 자신에 대한 태도에서 요청되는 전문적 자질

2. 다문화가족 상담 원리

다문화가족 상담 원리로는 촉진적 관계형성 원리가 있다. 이는 공감적 이해, 무조건적 수용, 진정성이 바탕이 된다. 촉진적 관계형성의 첫 출발점은 경청－비언어적 행동에 주의 집중하기(김계현, 2002)이다. 상대방이 자기를 좋아하는지 그렇지 않은지를 판단할 때, 상대방의 말 7%, 목소리 38%, 얼굴 표정은 55%를 사용한다. 상담 시 좋은 자세, 눈 맞춤, 얼굴 표정과 음색, 반응은 다음과 같다.

1) 좋은 자세

몸의 위치, 움직임, 표정 등이 관심도를 전달하므로 신체적으로 이완되고 평안하고 자연스러운 자세를 취한다. 먼저 상대방을 향해 앉아야 하고, 가끔 상대방 쪽을 약간 몸을 기울이는 것이 상대의 말에 관심이 있다는 메시지를 전달할 수 있다.

2) 눈 맞춤

상대방에게 부드러운 시선 접촉을 유지함으로써 우리의 관심을 그에게 전달할 수 있다. 상대방에게 온화한 시선을 줌으로써 그의 말에 주의를 기울이고 그가 전달하고자 하는 의사의 내용을 경청하고 있다는 사실을 알릴 수 있다.

3) 얼굴 표정과 음색

유쾌한 얼굴 표정, 격려적인 미소, 수용적이고 친절한 음조는 상대방에 대한 진정한 관심과 흥미를 전달한다.

4) 즉시적 반응

상대방이 전달하고자 하는 의사를 이해하려고 애쓰고 있다는 사실을 나타내는 언어 및 비언어적 반응을 상대방의 말 직후에 해준다. 적절한 고개 끄덕임이나 '음음, 아, 응' 등의 간단한 언어 반응 등이 대표적인 예다.

무엇보다 상담자는 다문화 가족의 문화적 문제, 자녀양육 문제를 파악하고 문화적 경험에 대한 수용과 문화적 정체성 형성을 도와야 한다.

3. 다문화가족 자녀 상담전략

다문화가족 자녀의 문제행동별 상담전략은 다음과 같이 세우는 것이 바람직하다.

① 언어의 문제

② 또래 관계

③ 교사와의 관계

④ 부모-자녀 관계

⑤ 정체감 혼란

⑥ 차별의 문제

특히 정체감 혼란의 문제는 다르다와 틀리다의 개념 기준 제시, 다른 것을 틀린 것으로 인식하지 않도록 돕고 자신과 가족 수용, 자신과 가족의 장점 발견 수용, 한국 문화 수용, 객관적으로 부모의 출신국 바라보기 등이다.

4. 다문화가족 상담자 역량

미국 다문화 상담 및 발달 학회에서 제안한 숙련된 다문화 상담자의 역량은 다음과 같다(장인실 외, 2014 재인용).

1) 문화적 가치와 편견에 대한 인식

(1) 태도와 신념

문화적 가치와 편견에 대한 인식 중 태도와 신념은 다음 내용을 고려하도록 한다.

① 낮은 문화적 인식 상태에서 벗어나 자신의 문화적 전통에 대한 인식과 민감성을 가지고, 차이를 가치 있게 여기고 존중한다.

② 자신의 문화적 배경, 경험, 태도, 가치, 편견이 어떻게 심리적 과정에 영향을 미치는지 인식한다.

③ 자신의 역량과 전문성의 한계를 인식한다.

④ 상담자와 내담자 사이에 존재하는 인종, 민족, 문화, 신념의 차이에 편안함을 느낀다.

(2) 지식

문화적 가치와 편견에 대한 인식 중 지식은 다음 내용을 고려하도록 한다.

① 자신의 인종적, 문화적 전통에 대한 세부적인 정보를 가지고, 그런 것이 어떻게 개인적으로, 전문적으로 정상-비정상에 대한 정의와 상담의 과정에 영향을 미치는지 안다.

② 억압, 인종주의, 차별, 편견이 상담자 개인에게와 상담 작업에 어떤 영향을 미치는지에 대해 이해하고 지식을 가진다. 이것은 그들 자신의 인종차별적 태도, 신념, 감정에 대해 인정하도록 한다.

③ 자신이 타인에게 미치는 사회적 영향에 대해 안다. 의사소통 방식의 차

이를 이해하고, 의사소통 방식이 다문화 상담에서 어떻게 상담과정을 촉진하거나 방해하는지, 또한 타인에게 미칠 수 있는 영향을 예견할 수 있도록 한다.

(3) 기술

문화적 가치와 편견에 대한 인식 중 기술은 다음 내용을 고려하도록 한다.

① 다문화 상담에 대한 이해와 효율을 증진할 교육적, 자문적, 훈련 경험을 찾아낸다. 자신의 역량의 한계에 대해 이해함으로써 그들은 자문을 구하고, 추가적인 훈련과 교육을 찾으며, 더욱 검증된 개인 혹은 자원을 참조하고, 이들을 종합적으로 맞물리게 한다.

② 지속적으로 스스로가 인종적, 문화적 존재임을 이해하려고 노력하고, 능동적으로 인종주의적이지 않은 정체성을 찾는다.

2) 내담자 세계관에 대한 상담자의 인식

(1) 태도와 신념

내담자 세계관에 대한 상담자의 인식 중 다음 내용을 고려하도록 한다.

① 내담자에게 부정적인 영향을 줄 수 있는 다른 인종과 민족에 대한 자신의 부정적인 감정과 반응을 인식한다. 자신의 신념과 태도를 다른 문화의 내담자와 개인적인 판단을 피하는 방식으로 비교해 보려고 한다.

② 다른 인종이나 소수 인종에 대해 가질 수 있는 자신의 편견과 선입견을 인식한다.

(2) 지식

내담자 세계관에 대한 상담자의 인식 중 지식은 다음과 같은 사항을 전제로 할 필요가 있다.

① 자신이 상담하고 있는 특정 집단에 관한 구체적인 지식과 정보를 가진

다. 그들은 다른 문화적 배경의 내담자가 살아온 경험과 문화적 전통, 역사적 배경에 대해 안다.

② 인종, 문화, 민족 등이 성격 형성과 진로 선택, 심리적 장애의 발생, 도움 추구 행동, 상담 접근의 적절성과 부적절성에 어떠한 영향을 미치는지를 이해한다.

③ 인종적, 민족적, 소수자의 삶에 작용하는 사회정치적인 영향에 대해 이해하고 지식을 가진다. 이주 문제, 빈곤, 인종주의, 편견, 무력감 등 모든 주요 상처는 상담과정에 영향을 미칠 수 있다.

(3) 기술

내담자 세계관에 대한 상담자의 인식 중 기술은 다음 내용을 고려하도록 한다.

① 다양한 민족적, 인종적 집단의 정신건강과 정신장애에 대한 최신 연구물 관련 연구에 익숙해져야 한다. 상담자는 자신의 지식, 이해, 다문화 기술을 촉진할 수 있는 교육적 경험을 적극적으로 찾아야 한다.

② 상담 장면 밖(지역사회 행사, 사회적・정치적 기능, 기념식, 우정, 이웃 등)의 소수집단 사람과 적극적으로 관계를 맺는다. 그 결과 소수집단에 대하여 학문적 활동이나 조력 활동 이상의 인식을 갖는다.

3) 적절한 다문화 개입 전략

(1) 태도와 신념

적절한 다문화 개입 전략 중 태도와 신념은 다음 내용을 고려하도록 한다.

① 종교적, 정신적 신념은 세계관과 심리사회적 기능, 고민의 표현에 영향을 미치기 때문에, 숙련된 다문화 상담자는 특성과 금기를 포함한 내담자의 종교적, 정신적 신념과 가치를 존중한다.

② 소수집단 고유의 조력 활동과 그들의 내적인 조력체계를 존중한다.

③ 이중 언어를 가치 있게 여기며, 다른 언어를 상담의 방해물로 보지 않는다(단일 언어 사용이 오히려 문제가 될 수도 있다).

(2) 지식

적절한 다문화 개입 전략 중 지식은 다음 내용을 고려하도록 한다.

① 상담과 심리치료의 고유한 속성(문화적 경계, 계급적 경계, 단일 언어 사용)과 어떻게 그런 속성이 다양한 소수집단의 문화적 가치와 충돌하는지에 대한 명확한 지식과 이해를 가진다.

② 소수집단이 정신건강 서비스를 사용하지 못하도록 막는 제도적 장애물에 대한 의식을 가진다.

③ 측정도구의 잠재적 편견에 대한 지식을 가지며, 내담자의 문화적, 언어적 특성을 염두에 두고 절차와 해석을 사용한다.

④ 소수집단의 가족 구조, 위계, 가치, 신념에 대한 지식을 가진다. 그들은 가족뿐만 아니라 지역사회의 특성과 지역사회의 자원에 대해 많은 것을 안다.

⑤ 상담 서비스를 받는 사람들의 심리적 복지에 영향을 미치는 사회적, 지역적 수준에서의 차별적 관행을 알아야 한다.

(3) 기술

적절한 다문화 개입 전략 중 기술은 다음 내용을 고려하도록 한다.

① 다양한 언어적, 비언어적 조력 반응을 할 수 있다. 그들은 '정확'하고 '적절'하게 '언어적', '비언어적' 메시지를 주고받을 수 있다. 숙련된 다문화 상담자는 도움을 위한 오직 한 가지 방법이나 접근에 매여있지 않고, 조력 방식이나 접근의 문화적 경계에 대해 인식한다. 자신의 조력 방식의 한계와 잠재적 부적절함을 감지할 때 부정적 영향을 예견하고 개선한다.

② 내담자를 대신하여 제도와 관련된 개입 기법을 수행할 수 있다. 내담자가 '문제'가 인종주의나 다른 편견에서 왔는지 결정하도록 도움으로써 문제를 부적절하게 개인화하지 않게 한다.

③ 문화적으로 다른 내담자를 치료하는 데 있어서 적절하다고 여겨지면 전통적인 치료자, 종교적·정신적 리더나 실천가에게 자문을 구하는 것을 반대하지 않는다.

④ 내담자와의 언어(내담자가 원하는 언어)적 상호작용을 책임지며, 만약 이것이 불가능하다면 적절한 곳으로 의뢰한다. 상담자의 언어와 내담자의 언어가 맞지 않을 때는 심각한 문제가 일어난다. 이런 문제가 일어났을 경우, 상담자는 문화적 지식과 적절한 전문적 배경을 갖춘 통역자를 구한다. 또 식견을 갖춘 역량 있는 이중 언어 상담자에게 의뢰한다.

⑤ 숙련된 다문화 상담자는 전통적인 진단과 검사 도구 사용에 전문성을 갖추고 훈련을 받은 사람이다. 그들은 도구의 기술적인 측면뿐만 아니라 문화적 한계에 대해서도 이해해야 한다. 이는 다양한 내담자의 복지를 위하여 검사 도구를 사용할 수 있게 한다.

⑥ 편견과 차별적 관행을 없애기 위한 작업에 주의를 기울인다. 평가를 실행하고 개입을 제공함에 있어 사회정치적 맥락에 대해 인식해야 하며, 억압, 성차별주의, 엘리트주의, 인종주의 등 여러 이슈에 대한 민감성을 증진해야 한다.

⑦ 목표, 기대, 법적 권리, 오리엔테이션 등 심리적 개입과정을 내담자에게 교육하는 것을 책임진다.

5. 다문화가족 갈등 관리

다문화가족 갈등 관리로 콜라주 기법 활용과 어떻게 가정과 연계할지를 살펴보도록 한다.

1) 콜라주 기법 활용

다문화가족 갈등 관리는 콜라주 기법을 활용한 갈등관리 집단 프로그램을 진행할 수 있다. 1972년 버크(Burk)와 프로벤저(Provancher)가 미국작업치료지에 평가 기법으로 게재한 것이 최초이며, 일본에서 연구 개발되어 활용하고 있다. 콜라주 기법은 감정을 쉽게 노출시킬 수 있는 장점을 갖고 있다(이근매 외, 2014). 다음 〈표 3-1〉과 같이 10회기로 운영한다.

〈표 3-1〉 콜라주 기법

회 기	내 용
1회기	자기소개하기
2회기	나를 표현하기
3회기	풍경구성법
4회기	가족
5회기	자녀가 나에게 주는 의미
6회기	남편(아내)이 나에게 주는 의미
7회기	가족에게 주고 싶은 것
8회기	10년 후 나의 모습
9회기	집단 구성원에게 주고 싶은 선물
10회기	가족에게 주고 싶은 선물

콜라주 기법은 1회기 자기소개하기부터 시작한다. 2회기 나를 표현하기, 3회기 풍경구성법, 4회기 가족, 5회기 자녀가 나에게 주는 의미, 6회기 남편(아내)이 나에게 주는 의미, 7회기 가족에게 주고 싶은 것, 8회기 10년 후 나의 모습, 9회기 집단 구성원에게 주고 싶은 선물, 10회기 가족에게 주고 싶은 선물 순으로 진행한다.

2) 가정과의 연계

다문화가족 갈등 관리를 위해 가정과의 연계가 중요하다(패트리시아 램지,

2012). 이를 위해 교사와 정기적으로 만나는 학부모 회의 결성, 영유아가 어린이집에서 수행하는 프로젝트 주제에 관한 토론, 부모-자녀 협력 프로젝트, 부모자원봉사-특별한 취미, 전문지식과 기술을 영유아들과 함께 나누기, 부모와 교사가 함께 계획하고 준비하는 행사, 일주일 동안 교실에서 있었던 일들을 정리한 주간 뉴스레터, 교사의 포트폴리오, 부모-교사 면담, 부모들의 다문화 관련 주제 토론 그룹 조직, 부모와 교사가 지역사회에서 할 수 있는 일 중 영유아도 함께 참여할 수 있는 일 해보기, 교사가 보고하는 것이 아니라 함께 고민을 공유하고 가능한 해결책을 찾기 위해 협력하기 등이 중요하다.

가정과의 연계 외에 다문화가족과 지역사회의 연계도 필요하다. 지역사회로는 다문화가족지원센터, 공공기관, 사회복지기관, 교육기관, 병원 등이다.

다문화가족은 언어와 문화 적응과정에서 오는 스트레스, 가족관계 및 사회적 관계의 문제, 자녀양육의 어려움을 안고 있다. 이러한 문제점을 토대로 지지적 상담이 필요하다.

PART

02

상호주의관점 다문화 실제

CHAPTER 04

결혼이주여성 사례

- 필리핀, 베트남, 인도네시아, 몽골, 중국, 대만, 네팔, 일본 출신

01

피부색은 달라도 마음은 같아요! : 필리핀에서 온 K씨(2014년 5월 인터뷰)

계절의 여왕 5월 주말에 필리핀에서 한국에 온 지 4년 3개월째였던 K씨를 만났다. 시부모와 같이 사는 것을 배려해 조용한 커피숍에서 만나 인터뷰를 했다. 다문화가족지원센터에서 1년 간 한국어를 공부했다는 그는 어쩌다 가끔 한국어를 떠올리지 못하는 것 외에는 의사소통에 전혀 문제가 없다. 인터뷰어와 한 시간 정도 얘기하는 동안 두 단어, 재봉틀과 노예만 머뭇거렸을 뿐이다. 그가 한국말을 어려워할 때는 영어 단어로 충분히 의사소통이 됐다.

현재 그는 시부모를 모시고 남편과 여섯 살인 아들과 함께 살고 있다. 필리핀 대학에서 호텔경영관리를 전공했다. 사업차 필리핀에 온 남편이 운영하는 건축 관련 회사에서 근무하다 결혼하게 됐다. 결혼 후 아들이 11개월 되던 해 한국에 왔다. 지금은 아들이 한국어를 더 잘한다고 하면서 환하게 웃는다. 인터뷰를 통해 한국에서의 생활과 그의 꿈과 희망을 들어본다.

현재 어떤 일을 하고 있는지요?

어린이집 세 곳에서 어린이들에게 영어를 가르치고 있어요. 두 곳은 2013년에 시작했고, 한 곳은 올해 시작했어요. 일주일에 한 번 또는 두 번, 30분에서 한 시간씩 영어를 가르쳐요. 어린이집 외에 초등학교 한 명에게도 영어를 가르치고 있어요. 2011년에는 주민센터에서 어린이를 대상으로 영어를 가르친 적이 있어요.

한국어는 어떻게 배웠는지요?

2010년 2월에 한국에 왔는데 1년 간 다문화지원센터에서 배웠어요. 하루에 2시간씩 일주일에 두 번, 네 시간 배웠어요. 그때는 한국어가 서툴러 의사소통이 많이 힘들었어요. 그래서 필리핀에 가고 싶기도 했어요. 주위에서 저를 제대로 대접해 주지 않는 느낌이 있었어요. 그래서 “저도 이렇게 잘할 수 있어요”라고 보여주고 싶어 정말 열심히 했어요.

한국 생활 중 좋은 점은?

무엇보다 안전한 나라여서 좋아요. 우리 아들을 키우는 데도 안심돼요. 또 한국은 할 일이 많은 나라예요. 여성회관이나 기타 관련 기관에서 평생교육 차원에서 자기가 원하면 얼마든지 공부해서 자격증을 따서 일을 할 수 있는 점이 좋은 것 같아요.

한국 생활 중 힘든 점은?

아직 한국말이 부족하다는 점이에요. 아들이 초등학교에 들어가면 숙제도 봐줘야 하는데 그 점이 제일 걱정이에요. 아직 한국 국적을 취득하지 못했는데 더 열심히 한국어를 공부해서 아들이 초등학교에 들어가기 전에 취득할 생각이에요.

가장 원하는 것은?

현재 시어르신과 같이 살고 있는데, 아들이 초등학교 들어가기 전에 독립했으면 좋겠어요. 직업으로는 어린이집 정식 교사가 되어 일하고 싶어요. 또 기회가 되면 재봉틀을 배워 옷 만드는 일도 해보고 싶어요.

시민에게 하고 싶은 말은?

피부와 얼굴은 달라도 마음은 똑같아요. 느낌으로 다 알아요. 외국인인 우리 문화도 이해해 주면 좋겠어요. 한국이 필리핀보다 더 잘 산다는 것으로 필리핀 사람을 무시하는 듯해요. 심하게는 노예라는 얘기까지 들은 적이 있어요. 그때 일들을 생각하면 마음이 아프고, 지금도 기억하고 있어요.

1960년대에 해외로 한국인이 파견되었다면, 이제는 외국에서 한국에 인구가 유입되는 시대다. 한국 사회는 그들을 어떻게 받아들이고 함께하는가가 사회통합과 사회경제학적 측면에서 중요하다. K씨는 닭도리탕을 좋아하고 팔찌 만들기, 발리 춤추기가 취미라고 한다. 그가 자신이 만든 팔찌를 손목에 걸고 환하게 웃으며 발리춤 추는 것을 보고 싶다.

"피부와 얼굴은 달라도 마음은 똑같아요. 느낌으로 다 알아요.", "아픈 경험을 생각하면 지금도 마음이 아프고, 기억하고 있어요." 성숙한 시민들이 그와 함께 하므로 더 이상 아픈 상처를 기억하지 않았으면 한다. 그가 원하는 꿈을 이루고 행복하게 시민으로 살아가기를 응원한다.

02

한국을 알리는 스토리텔러를 꿈꿔요!
: 일본에서 온 N씨(2014년 7월 인터뷰)

한국에 온 지 14년째, 13세(딸), 11세(딸), 7세(아들) 세 자녀를 둔 N씨는 한국말이 능숙해 외모로는 외국인이라는 생각이 들지 않는다. 일본 후쿠오카에서 가정학을 전공하고 직장생활을 하던 중, 지인의 소개로 러닝머신 사업을 하던 남편을 만났다. 1년 연애 끝에 2000년 2월에 결혼했다.

그는 한국에서 열심히 생활한 덕분에 큰 상도 받았다. 다문화정착을 위해 지역사회발전에 기여한 공로로 시의회 의장상을 받았다. 또 사랑으로 화목한 가정을 이루어 따뜻하고 행복한 지역이 되도록 애써줬다는 뜻으로 시장으로부터 '선행시민상'을 받았다. 그와의 인터뷰를 통해 외국인의 애로사항, 다문화가정에 대한 이해를 해보는 시간을 가져보고자 한다.

지금 어떤 일을 하고 있나요?

다문화 IT 방문지도사로 3년째 결혼이주여성을 대상으로 컴퓨터를 가르치고 있어요. 또 유치원, 어린이집, 초, 중, 고등학교에 가서 일본 문화수업을 하고 있어요. 어떤 다문화가정 아이가 초등학교에 올라가서 왕따를 당했는데 엄마가 가서 자기 나라에 대한 수업을 했더니 왕따가 없어졌다고 해요. 저희 아이도 엄마가 선생님이라는 자부심을 가지고 학교에 잘 적응하고 있어요. 그 외 12년째 일본어를 가르치고 있어요.

한국 생활 중 즐거운 일과 애로사항은?

아이들과 보내는 시간이 행복해요. 그런데 놀이터에서 놀기, 스포츠하기,

여행, 체험학습 등을 자주 하지 못해 아쉬워요.

한국과 일본을 비교했을 때 가장 두드러진 점은?

일본 사람은 자신의 감정을 잘 드러내지 않는 데 비해 한국 사람은 '좋다 싫다'의 감정을 분명을 드러내는 문화적 차이가 조금 힘들어요. 또 한국의 빨리빨리 문화도 적응하기에 아직 힘들어요.

다문화가정을 위해 한국 정부나 관계기관에서 해줬으면 하는 일이 있다면?

저처럼 (귀화한 지) 오래된 사람은 경제 활동이 필요합니다. 특히 아직 좋은 일자리가 없습니다. 일자리를 만들어 주세요. 그리고 다문화가정 아이와 함께하는 좋은 프로그램이 있으면 좋겠습니다. 예를 들면, 글로벌 리더 키우기 등이요.

앞으로의 계획은?

현재 진행하는 스토리텔러 양성과정 교육을 받고 있습니다. 앞으로 지역을 방문하게 될 일본인 여행객에게 관광지, 문화를 잘 소개할 스토리텔러가 되고자 합니다.

시민에게 하고 싶은 이야기는?

다문화가정은 7세 이하의 자녀가 많습니다. 초등학교에 올라가서 이 아이들이 왕따를 당하는 경우가 종종 있습니다. 어른들이 다문화가정을 어떻게 생각하는지에 따라 아이들이 보는 눈이 달라질 것이라고 생각합니다. 다문화가정 아이들도 같은 한국인입니다. 같은 시선으로 바라봐 주시면 좋겠습니다.

지역으로 이사 온 후 개인적으로 어려운 점이 있었지만, 주위에 계신 많은 분이 도와주셔서 지금의 제가 있습니다. 정이 많고 따뜻한 시민 여러분, 특히 다문화가정을 위해 수고해 주시고 계신 선생님들께 이 자리를 빌려 감사의 마음을 전하고 싶습니다.

K씨가 언급하고 있듯이 다문화가정 아이들도 한국 속에서 살아가는 우리의

아이들이다. 어른들이 어떻게 받아들이고 행동하는가가 중요하다. 그들은 이중언어를 배울 수 있는 우리의 미래 자산이기도 하다. 자신의 고향을 떠나 타국에서 살아간다는 것은 쉽지만은 않다. 그래도 따뜻한 이웃이 있다면 살아갈 힘을 얻는다. 모든 결혼이주여성에게도 따뜻한 시민의 정을 나눠 그들이 함께 행복하게 살아가는 우리의 미래를 꿈꿔본다.

03

다문화가정을 돕는 멋진 복지사가 되고 싶어요!
: 몽골에서 온 Y씨(2014년 8월 인터뷰)

'몽골' 하면 초원, 말타기, 칭기즈칸, 밤하늘의 빛나는 별, 순박한 사람들, 유목민의 특성을 살려 이동해 쉽게 지을 수 있는 게르라는 전통집 등이 떠오른다. 이런 이미지를 지닌 몽골에서 시집온 Y씨는 시아버지(81), 시어머니(77), 남편, 아들과 함께 살고 있다. 인터뷰를 통해 그의 한국생활에 대해 자세히 알아본다.

한국에 오기 전 몽골에서는 어떤 일을 했는지요?

저는 몽골 울란바토르에서 태어났어요. 막내인 저에게 유학 중이던 언니와 오빠가 당시 귀했던 옷이나 껌, 사탕 등을 선물해 줬어요. 또 정부 관료였던 아버지가 외국에 다녀오면서 장난감을 사다 주었지요. 국가대표 복싱선수였던 오빠도 외국에서 저에게 필요한 물건을 사다 줬어요.

그 덕분에 저는 외국에 관심을 갖고 외교관을 꿈 꿨어요. 외교관이 되려면 외국어를 잘해야 한다면서 부모님께서는 저를 초등학교부터 사립 외국어학교에 보내주셨어요. 대학에서는 중국어를 전공했지요. 전공을 살려 한국에 오기 전에는 러시아와 몽골, 한국과 몽골 협력회사에서 몽골 안내자 및 비서로 일을 했습니다. 그 공로로 울란바토르 시장상을 받기도 했어요.

한국에 오게 된 동기나 계기는?

한국에는 2000년도에 왔어요. 도중에 2년간 몽골에 잠깐 가있었어요. 그 시간을 빼면 한국에서 생활한 지 올해로 12년이 됩니다. 한국에 오게 된 건 매일

반복된 일상생활에서 흥미를 느끼지 못하고 뭔가 새로운 일을 시작하고 싶었기 때문이에요. 가족과 의논한 끝에 형제들과 한국으로 오게 됐습니다.

한국은 저에게는 매우 가깝게 느껴지는 나라였습니다. 한국학과에 다니던 친구들을 통해 한국의 음식과 문화 등에 대해 얘기를 많이 들었습니다. 그래서 자연스럽게 한국에 대해 관심을 갖게 됐어요. 대학 때부터 한국에 가서 직접 경험하고 싶다는 생각을 했습니다.

현재의 생활은?

저는 지금 다문화이해 강사를 하면서 복지사가 되고 싶어 공부를 하고 있습니다. 4년 전부터 다문화복지협회와 다문화지원센터에서 다문화이해 강사 활동을 하게 됐어요. 강사를 하면서 여러 다문화가정을 만났어요. 먼저 정착한 다문화가정의 자녀들은 벌써 대학에 다니거나 군대에 갔습니다. 주변의 다문화가정의 문제를 듣다 보니 남의 이야기 같지 않았고 나중에 내 자녀의 문제가 될 것 같다는 생각을 했습니다.

그 과정을 통해 다문화이해 교육뿐만 아니라 상담도 다문화가정 여성이 직접 하면 좋을 것 같다는 생각을 하게 됐습니다. 지금은 한국 사람을 통해 다문화가정이 상담을 받고 있지만 앞으로는 다문화가정 여성들이 직접 상담해 줄 날이 와야 된다고 생각합니다. 같은 아픔을 경험한 사람들이 더 잘 이해해 주고 더 많은 도움을 주지 않을까 생각합니다. 그 준비로 멋진 복지사의 꿈을 갖고 그 꿈을 이루기 위해 공부도 하고 있습니다.

한국 생활 중 즐거운 점과 애로사항은?

아기가 태어났을 때 가장 행복했습니다. 한국 생활 중 애로사항이라면 처음에는 너무 많이 마시는 한국 음주문화 때문에 힘들었습니다. 또 한국 남자들은 집안일을 해보지 않아서인지 어떻게 부인을 도와줘야 하는지 잘 모르는 것 같아요. 그 점이 조금 힘들었고 시부모님과 함께 살면서 문화 차이로 어려움이 있기도 했습니다. 부모님이 반대하신 결혼을 해서 친정집에 이런저런 이야기를 못해서 힘들기도 했지만, 아들을 키우면서 모든 위로가 되고 희망을 갖고 열심히 생활하고 있어요.

한국에서 경험한 일 중 가장 인상 깊은 일은?

한국에는 600년 역사의 조선 유일한 국립대학이었던 성균관대학교가 있어요. 한국 전통문화를 알고 싶어 일부러 그곳을 선택해서 한국어 공부를 했어요. 그때 한국 문화체험을 다양하게 했습니다. 특별히 공주와 전주에서의 문화체험이 기억에 남았습니다.

다문화가정을 위해 해줬으면 하는 일이 있다면 무엇인지요?

대기업에서 맞춤형 교육을 해서 많은 다문화가정 여성을 채용했으면 합니다. 매스컴에서는 많은 비중을 차지하는 다문화가정을 위한 재능 프로그램을 제작하고, 아나운서도 채용했으면 합니다. 많은 재능과 능력이 있는 다문화가정 여성들이 있습니다. 그런데 채용하는 기업이 없습니다. 좋은 일자리를 많이 마련해 줬으면 합니다.

인터뷰를 하는 동안, 그는 "카페를 운영하면서 공간 한쪽에서는 다문화가정을 대상으로 상담해 줄 수 있으면 좋겠다"고 말한다. 한국의 고령사회, 전통문화의 단절, 지나친 음주문화, 남녀불평등, 맞춤형 해결이 되지 못하는 점 등 문제점을 명확하게 인식하고 있고 올바른 관점을 가지고 있다. 그런 그가 정부의 적극적인 다문화 정책으로 멋진 꿈을 펼칠 날을 기대해 본다.

04

제2의 고향에서 행복하게 살고 싶어요!
: 대만에서 온 N씨(2014년 9월 인터뷰)

가을이 완연하게 느껴지는 9월, N씨를 만났다. 그는 인구 약 2천 3백만 명, 연중 내내 따뜻한 나라 대만에서 한국으로 시집온 지 10년이 된다. 인터뷰를 통해 그의 한국 생활을 알아본다.

한국에 오시기 전에 대만에서는 어떤 일을 했고 어떻게 생활했는지요?

대만에서 대학 전공이 한국어였어요. 한국어를 선택했던 것은 우연히 선택하게 되었어요. 제가 대학을 다니던 때 대장금, 장희빈 등 한국 드라마가 유행이었어요. 한류 열풍이던 때 한국어를 배웠던 것은 운이 좋았다고 생각해요. 대학 졸업 후 반도체 업체에서 통역을 했어요.

언제 한국에 오셨는지와 동기나 계기를 말씀해 주시겠어요?

처음 한국에 온 것은 대학 재학 중이던 2003년에 경희대학교에 교환 학생으로 온 적이 있어요. 대만 직장에서 남편을 만나 2006년 6월에 한국에 오게 됐어요. 1년 후인 2005년에 결혼을 했고 초등학교 2학년 아들과 1학년 딸을 두고 있어요.

지금 하는 일은?

지금은 아이들이 어려서 집에 있어요. 전에 일주일에 2~3일 정도 동대문시장에서 약 3년 정도 통역을 한 적이 있어요. 해방된 기분으로 참 재미있게 했어요.

한국 생활 중 즐거운 점과 애로사항은 무엇인지요?

아이들과 함께 다문화가족을 위한 과학 캠프 등 다양한 활동에 참가하고 있어요. 그런 체험 활동이 즐겁고 행복합니다.

한국 생활 중 애로사항이라고 하면 외로움이에요. 마음을 열면 별거 아닌데 처음에는 외로움 때문에 힘들기도 했어요. 외로울 때는 종종 대만에 다녀와요. 대만에는 부모님과 오빠, 언니들이 살고 있어요. 2년에 한 번 정도 다녀옵니다.

한국 생활을 하면서 마음이 불편했던 점은?

결혼이주여성에 대해 색안경을 끼고 있는 분들을 만났을 때예요. 한 번은 시장에 갔는데 "어떻게 해야 당신처럼 한국에 시집올 수 있느냐?"는 질문받은 적이 있어요.

한국에서 경험한 일 중 가장 기억에 남는 일은?

다문화센터에서 다문화 강사 과정을 마치고 고등학교에 가서 대만에 대해 소개한 적이 있는데 기억에 남아요. 학생들에게 대만의 문화, 관광지 등을 알려줬어요.

한국과 대만을 비교(사람들의 생각, 문화 등)했을 때 가장 두드러진 점은 무엇이라 생각하는지요?

대만에서는 맞벌이 가정이 많은 데 비해 한국은 기혼 여성이 집에서 가사와 육아에 전념하는 경우가 더 많은 것 같아요.

대만은 1년 내내 따뜻하기 때문에 늘 싱싱한 야채가 나오는데, 한국은 겨울에 김장을 담그는 것이 특색이 있다고 생각해요. 저도 한국에 와서 남편이 텃밭에서 기른 배추로 조금 힘들기는 하지만 직접 남편과 김장을 담가 먹고 있어요. 김장하는 법은 고모에게 배웠어요.

한국 제사 문화도 특징적이라고 생각해요. 대만에서는 1년에 한 번 청명 때 산소에 가는 것이 전부예요. 최근에는 화장이 늘고 있어 산소가 줄어들고 있기는 하지만요. 그런데 한국은 제사가 많은 것 같아요. 한국은 가족에 대한 생각이 강한 것 같아요. 좋기는 한데 부담이 돼요. 대만은 핵가족문화예요.

다문화가족을 위해 한국이 해주었으면 하는 일이 있다면 무엇인지요?

정부에서 다문화 이주 여성을 위해서 취업 교육을 많이 하고 있는데 교육을 수료하고 나서 일자리도 연결될 수 있도록 해주면 좋겠어요. 저도 통번역, 다문화 강사 과정 등을 수료했는데 일자리와 연결되지 않아 많이 아쉬워요.

시민들에게 하고 싶은 이야기는?

한국에 온 지 10년 정도 되었어요. 한국은 저의 제2고향인 셈이에요. 다문화가족에 관심을 갖고 응원해 주시면 감사하겠어요. 저희도 한국을 지금처럼 사랑하며 살겠어요.

그는 한국 엄마들의 자녀교육이 너무 극성이라고 생각한다. 그런 한국 엄마들을 보면 학원을 보내지 않고 놀게 하는 자녀들이 걱정되기도 하지만, 초등학교 때는 실컷 놀게 하겠단다. 그는 '생각이 바른 아이, 공중도덕을 잘 지키는 아이'로 키우고 싶단다.

청국장, 김치찌개, 닭볶음탕을 즐겨 먹는 그가 한국에서 외로움을 덜 느끼고, 제2의 고향에서 자녀들을 건강하게 양육하면서 행복하길 바란다. 다문화가족을 열린 마음으로 대해주는 시민도 더 많아져 그의 마음이 불편하지 않았으면 한다.

05

한국 생활이 만족스럽고 행복해요!
: 베트남에서 온 L씨(2014년 10월 인터뷰)

베트남은 동남아시아 인도차이나 반도 동부에 남북으로 길게 뻗어 있는 나라이다. 정식 명칭은 베트남 사회주의공화국(Socialist Republic of Vietnam)이며 공식 언어는 베트남어로 로마자에 특수한 부호를 사용한 80여 개의 자모(字母)로 되어있다. 베트남인들은 스스로 근면, 성실, 인내, 친절, 용감성 등의 국민성을 지니고 있다고 생각하며, 오랜 세월 동안의 끊임없는 외침을 성공적으로 물리친 국민으로 자신들을 표현하고자 한다고 한다.

무엇보다 외세에 굴복하지 않은 역사를 지닌 나라라는 자부심이 매우 강하다고도 한다. 베트남은 우리에게 베트남 전쟁 때 파월장병으로 익숙해진 나라이지 않을까 한다. 베트남 호찌민에서 온 L씨를 만나 베트남과 한국 생활에 대해 이야기를 들어본다.

한국에 오기 전에 베트남에서는 어떤 일을 했는지요?

호찌민 섬에서 태어났어요. 부모님은 바다에서 주로 양식업에 종사했어요. 그래서 저도 자연스럽게 부모님과 함께 23세까지 새우, 게를 기르는 일을 했어요. 일이 힘들었지만 재미있었어요.

언제 한국에 오셨고, 동기나 계기를 말씀해 주시겠어요?

지인을 통해 남편을 만나 2005년에 베트남에서 결혼했어요. 한국에는 2006년 크리스마스 때 오게 되었어요. 남편을 처음 만나 식사를 하게 되었는데 매우 자상하다는 것을 알게 되었어요. 남편이 청혼을 했어요. 남편의 자상함에는 안심이 되었지만 한국에 와서 잘 살 수 있을까라는 걱정이 되었어요. 그런데 주변에서 괜찮다라고 격려해 주어서 한국에 오게 되었어요.

현재 어떤 일을 하고 계세요?

집에서 아이들을 키우면서 혼자 독학으로 컴퓨터를 배우고 있어요. 주위에 가까이 지내고 있는 다문화가족 아는 분으로부터 조금의 도움을 받고 있기는 하지만, 거의 혼자 힘으로 배우고 있어요. 10월 달에 컴퓨터 관련 자격증을 취득하게 되었어요. 다문화가족에게 내가 배운 것을 가르쳐 주고 싶어요.

한국 생활 중 즐거운 점과 애로사항은 무엇인지요?

즐거운 점은 자녀들과 함께 하는 일이에요. 현재 초등학교 1학년(8세)에 다니는 딸과 유치원(6세) 다니는 아들이 있어요. 자녀들과 함께 시간 보내는 일이 무엇보다 보람되고 저를 행복하게 해주어요.

한국 생활 중 힘든 점이라면 처음에는 언어소통이 되지 않아 힘들었어요. 한국에 온 지 3개월 만에 임신했어요. 한국어는 둘째를 낳고 나서 공부하기 시작했어요. 남편이 초등학교 책을 갖다주고 받아쓰기를 하게 하면서 공부하게 했어요.

한국에서 경험한 일 중 가장 인상 깊은 일은 어떤 일인지요?

한국어를 배울 때 대학에 가서 배웠어요. 대학 강의실에 앉아 있다는 자체가 행복했어요. 정말 열심히 한국어 공부를 했어요. 2013년에 한국어 4급 자격을 취득했어요. 2~3년 하고 나서 한국말을 알아들을 수 있다는 게 재미있었고 뭐든지 할 수 있다는 자신감이 생겼어요.

또 한 가지는 시장으로부터 효부상을 받았던 일이에요. 동네 어르신들이 시어머니에게 잘한다고 칭찬해 주시더니 저도 모르게 효부로 추천해 주셨어요.

한국과 베트남의 차이점을 든다면 어떤 것이 있는지요?

한국 사람들은 참 열심히 일하고 따뜻해요. 그에 비해 베트남 사람들은 하루 벌어 하루 사는 생활이에요. 또 베트남 사람은 일찍 결혼하는 편인데 그 점이 안타까워요.

다문화가족을 위해 정부에서 해주었으면 하는 일이 있다면 무엇인지요?

베트남에 올해 80세인 아버지, 74세인 어머니가 계세요. 또 언니 두 명, 오빠 두 명, 막내 동생이 있어요. 부모님을 초대할 수 있도록 지원해 주면 좋겠어요. 제가 잘 살고 있는 모습을 직접 눈으로 보면 걱정하지 않으실 것 같아요.

그는 긍정적인 사고를 가지고 있다. 한국에 살면서 자신이 어떻게 하면 행복할 수 있을지를 생각하고 노력한단다. 먼저 한국어를 배울 필요가 있어서 열심히 한국어를 배웠다고 한다. 모르는 단어, 즉 항아리, 뚝배기 등을 손바닥에 적거나 항상 수첩을 가지고 다니면서 적으면서 익혔다고 한다. 자녀교육을 위해서도 자신이 먼저 열심히 했다고 한다. 자신이 직접 한글도 가르쳤고 지금도 학원에 보내지 않아도 학교 수업을 잘 따라가고 있다고 한다.

지금의 삶에 만족스러워하고 행복해하는 것은 이런 적극적인 태도 덕분이리라. 그가 행복하게 살고 있는 모습을 그의 부모들이 볼 수 있는 기회가 만들어졌으면 하는 바람이다.

06

'다문화가족'이 아닌 '행복한 가족'으로 행복하게 살고 싶어요! : 중국에서 온 중국어학원장 K씨(2014년 11월 인터뷰)

지역의 단독주택 단지를 찾았다. 1층에는 남편이 운영하는 카센터, 2층에는 K씨가 운영하는 중국어 학원, 3층은 쌍둥이 아들과 네 가족이 행복하게 살고 있는 집이 있다. 많은 이가 꿈꾸고 있는 형태의 삶이지 않을까 싶다. 그는 자신만의 일터 공간을 마련해 준 남편이 고맙다고 한다. 평일 저녁 시간 그가 운영하는 학원 사무실로 그를 찾았다. 그와의 인터뷰를 통해 그의 삶을 들여다본다.

한국에 오시기 전에 중국에서는 어떤 일을 했고 어떻게 생활했는지요?

연변에서 학교 졸업하고 바로 상하이에서 첫 직장을 시작했어요. 여행사에서 5년 정도 일 했습니다. 여행사 거래처가 한국이었어요. 그때부터 한국어를 배웠고, 한국 친구도 많이 사귀었어요. 저의 주 업무는 한국 여행객에게 중국에서의 여행을 도와주는 일이었어요.

언제 한국에 오셨고, 동기나 계기를 말씀해 주시겠어요?

한국에는 2006년에 왔어요. 잘 알고 지내는 한국 언니가 남편을 소개해 줬어요. 1년 정도 장거리 연애를 하다가 결혼했어요. 제가 한국에서 살리라고는 꿈에도 생각지 못했고 계획도 없었는데, 이렇게 쌍둥이 아들(7)을 낳고 살고 있네요. 사람은 한치 앞을 모른다는 말이 생각나네요. 앞으로 제가 또 어떤 모습으로 살고 있을지 저도 궁금합니다. 참, 아이들은 셋이에요. 한 명은 1년 전부터 후원하는 수단 아이예요. 지금 두 살이에요.

지금 하는 일은?

중국어를 가르치고 있어요. 결혼 초 한국에서도 여행사에서 일했어요. 아이 낳고 잠깐 전업주부로 살았어요. 그러다가 제가 잘하고 좋아하는 일을 아이들 양육도 하면서 하고 싶어 중국어 강사라는 직업을 선택하게 되었어요. 작은 공부방이지만 보람을 느낍니다. 아이들도 엄마가 선생님이라는 것에 대해 매우 자랑스러워하고 있어요. 여기 학원에서는 성인들에게 중국어를 가르치고 학생들은 가정으로 찾아가 개인교습을 하고 있어요.

한국 생활 중 즐거운 점과 애로사항은 무엇인지요?

우리 쌍둥이들과 저의 남편이 저를 행복하게 해줘요. 저의 남편은 항상 뒤에서 제가 하는 모든 일을 다 지지해 주고 응원해 줍니다. 아이들은 제 옆에 있는 것만으로도 에너지원이 되어요.

애로사항이라고 하면 한국 사람들은 명절 때 시댁 갔다가 다시 친정으로 가는데 저는 갈 곳이 없어요. 다문화 여성은 아마 다 같을 거예요. 애들과 외갓집에 가지 못하는 것이 너무 아쉬워요.

한국에서 경험한 일 중 가장 인상 깊은 일은?

아이들 유치원 재롱잔치 때 가서 봤는데 감동스러워 눈물이 나더군요. 아이들이 대견스러웠고 행복했어요.

한국과 중국을 비교(사람들의 생각, 문화 등)했을 때 가장 두드러진 점은 무엇이라 생각하는지요?

한국에서 첫 번째 구정에 친척 분을 전철역에 바래다 드렸는데 깜짝 놀랐던 것은 길거리가 너무 썰렁하더군요. 모든 가게가 문을 닫고 길에는 사람도 없었어요. 중국은 그렇지 않거든요. 중국에서는 구정에는 밖에서 외식도 하고 쇼핑도 하고 문을 닫는 가게가 거의 없어요. 길거리가 시끌벅적하지요.

한국만큼 제사를 많이 지내는 나라는 없는 것 같아요. 중국에서는 매년 4월

5일 청명절에 산소 한 번 갔다 오거든요. 한국에서는 추석, 구정, 돌아가신 분 제사 일 년에 적어도 세 번은 지내는데 제사가 많은 가정은 10번도 된다고 들었어요. 한국 엄마들 대단하고 존경스럽습니다.

또 한 가지는 중국에서는 맞벌이를 자연스럽게 생각하는데 한국에서는 여성의 경우 전업주부가 많고, 여자가 나가 돈을 벌면 남편이 자존심 상해한다는 얘기도 들었어요.

좋아하는 음식과 취미는?

모든 다 좋아합니다. 음식은 거의 가리는 것 없이 다 잘 먹어요. 처음 한국 음식 중에 인상적인 것은 순대였어요. 고향 연변에서 먹었던 순대 속은 쌀이었는데 한국에서는 당면이더라구요. 당면을 넣은 순대를 소금에 찍어 먹는 것도 놀랐어요. 맛은 글쎄요. 잘 표현 못하겠어요. 지금은 순대, 떡볶이 등 모두 좋아합니다.

취미로는 손으로 하는 것은 뭐든 좋아해요. 이 쿠션도 제가 만든 것이에요(책상 위로 쿠션을 내보인다). 중국어를 배우는 회원 중 그림을 그리는 분이 있어 그분에게 그림도 배우고 있어요.

다문화가족을 위해 한국 정부에서 해주었으면 하는 일이 있다면 무엇인지요?

다문화 여성들한테 자기 계발을 할 수 있는 프로그램이 있었으면 좋겠어요. 미용사, 제빵사, 요리사 등 여러 가지 재능 계발, 기술직 같은 분야가 많았으면 좋겠습니다. 엄마가 행복해야 아이들도 행복할 수 있으므로 결혼이주여성들을 위한 구체적인 프로그램을 운영해 주면 좋겠어요.

앞으로 개인적인 계획은?

지금 방송통신대를 다니고 있습니다. 졸업 후 심리학에 관해서 좀 더 공부를 하고 싶어요. 또 기회가 된다면 사회나 단체에 봉사활동도 열심히 다니고 싶습니다.

시민들에게 하고 싶은 이야기는?

저는 주변에 따뜻한 분들을 많이 만나서 항상 즐겁게 한국 생활을 하고 있습니다. 저희와 피부색이 다른 나라에서 오신 분들도 많으신데 그분들한테 좀 더 따뜻하게 대해주셨으면 좋겠어요. 다문화가족 아이들은 학교생활 잘할 수 있도록 자녀들한테도 다문화에 대한 올바른 생각을 할 수 있도록 알려주었으면 합니다.

그 밖에 하고 싶은 이야기가 있으면 자유롭게 해주세요.

저는 가끔 제가 외국인이라는 것을 잊고 삽니다. 한국은 그냥 내가 태어났고 자란 곳 같아요. 앞으로는 '다문화가족'이라는 단어가 없어졌으면 좋겠어요. 그냥 '행복한 가족'만 있었으면 합니다. 시민들도 저 집은 '다문화가족'이라 하지 말고 '행복한 가족이다'라고 말해주시면 그 가정이 더 행복해지지 않을까요?

인터뷰 내내 그는 행복한 표정이었다. 그러면서도 다문화 정책이나 다문화가족, 결혼이주여성 문제에 대해서는 핵심을 잘 파악하고 단호하게 우리 사회에 요구했다. 사회나 직장에서 똑같은 시선으로 봐주었으면 좋겠다는 것이다. 그는 결혼이주여성에게도 자기 나라에서 했던 일, 잘할 수 있는 일을 적극적으로 찾아 행복했으면 하는 따뜻한 마음을 전했다. 그가 행복하듯이 많은 결혼이주 여성들이 행복했으면 한다. 그러기 위해서는 우리 모두의 따뜻한 관심과 이해가 필요할 것이다.

07

전공을 살려 일하고 싶어요!
: 과학교육 전공 K씨(2014년 12월 인터뷰)

성탄절 오전에 K씨를 만났다. 목수인 남편은 일 나가고 12세인 큰 딸이 동생 세 명(11세·子, 9세·女, 3세·女)과 집에 있다고 한다. 그는 필리핀 다바오시에서 2남 3녀 중 장녀로 태어났다. 대학(University of Southeastern Philippines)에서는 과학교육(Bachelor of Science Education major in Industrial Education)을 전공했다. 대학 졸업 후 교사로서 학생들을 가르쳤다.

필리핀 친구 중 먼저 한국 사람과 결혼한 사람이 있다. 그 친구의 권유로 2000년에 한국을 찾았고, 2002년에 지금의 남편을 만나 결혼 후 귀화하게 되었다. 현재는 다문화 이해교육 강사로 종종 유치원이나 초·중·고에서 필리핀 문화나 역사 등에 대해 알려주고 있다. 그 공로로 시의회 의장으로부터 표창장을 수여받았다. 지금까지 그가 찾은 곳은 초·중·고가 많다. 그와의 인터뷰를 통해 그의 한국생활에 대해 알아본다.

한국 생활 중 즐거운 점과 애로사항은 무엇인지요?

다문화센터에서 진행하는 프로그램에 참여하는 것이 즐거워요. 또 언어적 소통이 잘되고 공감대를 가지고 있는 필리핀 친구들을 만나 한국 생활, 집안 얘기, 아이들 키우는 얘기를 나누는 것이 신나요. 애로사항이라면 식구가 많아 집안일하는 것과 겨울에 김장하는 것이에요.

한국에서 경험한 일 중 가장 인상 깊은 일은?

2012년에 처음으로 필리핀에 계신 친정어머니께서 한국에 오셔서 며칠 동안 저희 집에 머무셨어요. 그때 어머니랑 경복궁도 가보는 등 한국 구경을 다녔는데 가장 행복한 기억으로 남아있어요.

한국과 필리핀을 비교(사람들의 생각, 문화 등)했을 때 가장 두드러진 점은 무엇이라 생각하는지요?

한국 사람은 빨리빨리 일 처리하기를 바라고 동작이 느리면 화를 내지만 그냥 제가 살아왔던 방식으로 행동을 해요. 또 한국 사람은 결혼 후에도 부모-자녀 관계가 가까워서 모든 문제를 부모님과 상의하고 그 영향을 받는 것 같아요. 저희도 시부모님을 모시고 살다가 최근에 분가했지만 가까운 곳에 살고 계시고 아이들 교육 문제 등에 관여하시는 편이에요. 필리핀에서는 결혼 후에는 관심은 갖지만 일일이 관여하지는 않아요. 각각 독립적인 생활을 하지요.

좋아하는 음식은?

제가 좋아하는 음식은 직접 만든 칼국수와 여러 종류의 떡입니다. 칼국수는 시어머니께서 만들어 주셨는데 너무 맛있었어요. 떡은 필리핀에도 많이 있는데 특히 한국 떡이 맛있는 것 같아요. 누구나 그러겠지만 한국 불고기도 좋아해요.

다문화가족을 위해 한국 정부에서 해주었으면 하는 일이 있다면 무엇인지요?

다문화가정을 위해 일주일에 두 번 두 시간씩 방문 선생님이 오셔서 상담이나 아이들 교육을 봐주는 것이 많은 도움이 되고 좋아요. 이런 프로그램도 더 활성화되면 좋겠어요. 예를 들면, 부부 상담을 해주는 등 조금 더 구체적인 활동으로 이어지면 좋겠다는 바람이 있어요. 개인적인 부부 상담 얘기는 다문화센터에 가서 하기 어려운 것 같아요. 방문 교사가 집에 오는 것처럼 상담자가 가정을 방문해 주면 조금 더 편한 마음으로 부부 관계나 가족 등의 얘기를 할 수 있을 것 같아요.

또 직접 배워서 일할 수 있는 프로그램과 다문화이해 관련 강의도 더 자주 이루어져 저희 강사가 더 많은 것을 배워 학생들에게 전할 수 있는 기회가 있으면 좋겠다는 생각입니다.

앞으로 개인적인 계획은?

대학에서 공부한 교육학 전공을 살려 영어 강사로 활동을 하고 싶어요. 필리핀에서 주로 초등학교에서 대체 교사로 전 과목을 가르쳐 보았어요. 이런 경험을 살려 한국에서 전문적으로 영어를 가르칠 수 있는 교사로 일할 수 있으면 좋겠어요.

시민들에게 하고 싶은 이야기는?

다문화가정을 차별하지 않았으면 좋겠어요. 가난한 나라에서 왔다는 편견으로 가끔 상처를 받기도 해요. 아이들도 왕따가 없었으면 좋겠고, 한국 아이들과 똑같다고 생각해 주면 감사하겠습니다. 다문화 가족을 많이 사랑해 주세요.

그는 인터뷰 마무리에 "어려운 경험이 인생을 더 깊이 있게 만들어줘요"라고 말한다. 그와 얘기를 나누면서 '참 성실하고 밝은 성격이구나'라는 생각이 들었다. 그런 성격 덕분인지 자동차운전면허를 취득하고 컴퓨터 교육도 받았다. 새해에는 교육학 전공과 교사 경험을 살려 전문적으로 영어를 가르칠 수 있는 기회가 주어져, 전문가로서 자리매김할 수 있기를 바라본다.

08

전문적인 일을 하고 싶어요!
: 베트남에서 온 J씨(2015년 1월 인터뷰)

J씨는 일하는 중에는 전화를 받지 않는지 전화통화가 어려웠다. 몇 번에 거친 시도 끝에 그가 쉬는 일요일에 만나기로 했다. 만날 장소로는 부담 없이 집으로 오라고 해서 자택을 찾았다. 그가 일하는 곳에서 손수 만든 홍삼즙을 따라 준다.

집에 들어서자 50대로 보이는 분이 있다. 친정어머니라고 한다. 큰 아이가 올해 초등학교를 들어가고 둘째가 18개월인데 둘째 산후조리 때부터 와서 도와주고 있다. 어머니는 구정 전에 베트남으로 돌아간다. 그의 고향인 베트남 낭장 박장에는 조그만 오토바이 가게를 하는 아버지와 남동생 두 명이 있다. 첫째 남동생은 결혼해서 조카도 있다. 인터뷰를 통해 그의 한국생활과 생각을 들여다본다.

한국에 오시기 전에 베트남에서는 어떤 일을 했는지요?

전문대학 졸업 후 재봉틀과 한국어를 공부했어요. 한국어를 공부했던 것은 한국 사람을 만나 새로운 삶을 살고 싶었기 때문이에요. 집이 경제적으로 어려워 저의 미래를 위해 뭔가 탈출구를 찾고 싶었어요.

언제 한국에 오셨고, 동기나 계기를 말씀해 주시겠어요?

한국에는 9년 전인 2006년에 왔어요. 중매로 건축 일을 하는 남편을 만났지요. 처음 본 순간 남편이 착해 보였어요. 잘생기기도 했고요. 무엇보다 착하고 성실해 보여 지금 돈이 없더라도 열심히 생활하면 되겠구나라는 생각이

들었지요. 그래서 남편과 결혼하기로 결정하고 베트남에서 결혼식을 치르고 왔어요.

지금 하는 일은?

홍삼제조 공장에 나가고 있어요. 나간 지 벌써 6년째에요. 일하는 시간은 아침 아홉 시부터 저녁 여섯 시까지인데, 일이 많을 때는 밤 아홉 시까지 연장 근무를 해요. 요즈음 구정을 앞두고 바빠서 늦게까지 일하는 날이 많아요. 아침에는 지난해 운전면허를 따서 차로 아들을 유치원에 데려다 주고 가느라고 바빠요. 3월부터는 아이가 초등학교에 입학하게 되므로 학교로 바래다주어야겠지요.

한국 생활 중 즐거운 점과 애로사항은 무엇인지요?

아직 경제적으로 조금 어렵기는 해도 생활이 다 즐거워요. 처음 한국에 와서는 한국어를 잘 못한 점이 가장 힘들었어요. 그래서 무시당한 적도 있어요. 무시라기보다 오해가 있었겠지요. 또 처음에는 생활 적응이 어렵기도 했어요. 그래도 한국 사람들이 착해서 많이 도와주었어요. 시아버님은 결혼 전에 돌아가셔서 사진으로만 뵙고 시어머니는 제가 온 지 4년 후 돌아가셨는데 별 말씀이 없으신 참 좋은 분이셨어요.

한국에서 경험한 일 중 가장 인상 깊은 일은?

첫 아이 돌 때 많은 분들이 와서 축하해 주었던 점이 가장 행복했어요. 또 가족과 함께 당진 바닷가, 강화 전등사 여행 갔던 기억이 남아 있어요. 다른 한 가지는 친정 가족들이 한국 방문을 했을 때 함께 롯데월드 등 서울에 가봤던 일이 좋았어요.

한국과 베트남을 비교했을 때 가장 두드러진 점은 무엇이라 생각하는지요?

지금은 적응했지만, 처음에 와서 제사 문화가 이해가 안 되었어요. 베트남에서는 낮이나 저녁밥 먹는 시간에 지내는데, 한국은 늦은 시간에 지내잖아요.

좋아하는 음식은?

한국 음식은 다 좋아하는데 갈비탕이나 갈비찜을 특히 좋아하지요. 김치는 담글 줄은 아는데 아직 매운 것은 잘 먹지 못해요. 그래서 임신했을 때 베트남 쌀국수와 망고가 먹고 싶어 친정에 간 적이 있어요. 한국에서 베트남 쌀국수를 팔고 있지만 베트남에서 먹는 것과는 맛이 달라요.

다문화가족을 위해 한국 정부에서 해주었으면 하는 일이 있다면 무엇인지요?

사기업 방문 교사는 너무 비싸므로 정부 차원에서 다문화가족 아이들을 위한 방문 교사 제도를 활성화시켜 주었으면 좋겠어요. 작년에 신청했는데 경쟁이 치열해서 선정되지 못했어요. 올해는 꼭 방문 교사가 할당되었으면 참 좋겠어요.

큰아이가 올해 초등학교에 들어가는데 걱정이 많아요. 학교 숙제도 봐주고 준비물도 챙겨주어야 하는데 제가 한국어 말은 되지만 아직 읽고 쓰기는 어려워요. 저 개인적으로 한국에 온 지 처음 3개월 일주일에 두 번 한 시간 정도 방문 상담자가 와서 이런저런 상담을 해주어서 참 도움이 되었어요.

또 주민자치센터 등 지역에서는 저처럼 일하는 사람을 위해 한국어 주말반 프로그램을 운영해 주었으면 좋겠어요. 원래 주민자치센터에 주말반이 있었는데 없어졌어요. 다문화가족 프로그램을 조금 더 활성화해 주었으면 좋겠어요.

앞으로 개인적인 계획은?

한국어를 더 배우고 싶어요. 또 컴퓨터도 배워서 지금 하는 일은 단순히 제품을 생산하고 포장하는 일인데, 더 전문적인 일을 하고 싶어요.

시민들에게 하고 싶은 이야기는?

친절해서 감사해요. 단, 다문화가족 아이들이 모르면 가르쳐 주고 같이 사랑해 주면 좋겠어요. 아이에게 "너희 엄마 베트남에서 왔지?", "왜 네 피부는 검은색이니?"라는 질문을 하지 않았으면 좋겠어요. 아이에게는 엄마가 베트남에서 왔지만 한국말 잘해요라고 당당하게 말하라고 하기는 해요.

그는 가족이 모두 건강하고 아이들도 공부를 열심히 해서 전문가가 되면 좋겠다고 한다. 둘째는 이중 언어가 가능한 아이로 키우기 위해 네 살 정도가 되면 베트남에 보낼 계획이다. 전문적인 일을 하고 싶다는 그의 바람, 가족의 건강, 아이들의 꿈을 지지하고 응원하는 그는 여느 한국 엄마들의 모습과 다를 바 없다. 한국 사람을 만나 한국에 온 자신의 선택을 후회하지 않는다는 해맑은 마음의 그가 정말 행복했으면 한다.

09

한국어를 가르치는 교사가 되고 싶어요!
: 베트남 하이퐁에서 온 S씨(2015년 3월 인터뷰)

수도 하노이의 관문으로 베트남 제일의 항구도시인 하이퐁에서 시집온 S씨를 만나러 가는 날은 그의 마음처럼 완연한 봄 날씨다. 그는 월요일부터 토요일까지는 일을 한다. 만남은 일요일 오후에 이루어졌다.

쾌히 집으로 오라서 해서 약속 시간에 집 안으로 들어서자 그를 비롯하여 초등학교 2학년 아들과 18개월 둘째, 나이보다 훨씬 젊어 보이는 남편, 베트남에서 육아를 위해 와 계신 친정어머니가 맞아준다. 집안 분위기가 따뜻하다. 인터뷰를 통해 그의 한국 생활을 엿본다.

한국에 오시기 전에 베트남에서는 어떤 일을 했는지요?

고등학교를 졸업하고 집에서 부모님 일을 도왔어요. 저희 친정 식구는 다섯 명이었어요. 아버지, 어머니, 그리고 제 밑으로 남동생 둘이 있는데 제가 주로 집안 살림을 맡아서 했어요.

언제 한국에 오셨고, 동기나 계기를 말씀해 주시겠어요?

베트남에서 국제결혼을 위해 온 남편을 만났어요. 남편을 포함해 세 명의 한국 남자 분들이 왔는데, 그중 저희 남편이 제일 젊어 보였고 착해 보였어요. 마침 60여 명의 예비 신부 중 저희 남편이 저를 선택해 주어 결혼하게 되었어요(옆에서 남편은 오지를 탐험하는 기분이었다고 거든다). 베트남에서 결혼식을 마치고 하롱베이로 신혼여행을 다녀온 뒤 한국에 왔어요. 그때가 2005년이니까 한국에 온 지가 올해가 10년이 되었어요.

지금 하는 일은?

한국에 온 지 3일 만에 일을 하게 되었어요. 홍삼을 만드는 일을 하고 있어요. 옆에서 도와주는 먼저 온 베트남 언니의 도움이 컸지요. 현재 일하는 곳까지는 버스를 타고 출퇴근하고 있고, 월요일부터 토요일까지 아침 9시부터 오후 6시까지 일하고 있어요.

한국 생활 중 즐거운 점과 애로사항은 무엇인지요?

주말에 가까이 사는 친척이나 친구들을 만나서 함께 시간을 보내는 일이 즐거워요. 베트남에서 온 이모와 사촌 언니가 있어요. 또 친구들도 많아서 베트남 요리를 해 먹거나 드라마 얘기도 하는 것이 재미있어요.

한국 사람들은 친절해서 잘 도와주고 해서 크게 어려운 점은 없어요. 남편도 잘해줘서 국제결혼 한 것을 후회하지 않고요. 단, 처음에 한국말을 잘못했을 때 무시하는 것 같았고, 말이 통하지 않아 답답했어요.

한국에서 경험한 일 중 가장 인상 깊은 일은?

친정아버지가 한국에 오셨을 때 건강검진을 받았는데, 우연히 췌장암이 발견되어 수술을 받았어요. 다행히 초기여서 수술 결과가 좋아요. 또 먼저 온 베트남 아는 언니가 저를 많이 도와준 일이 가장 저에게 큰 힘이 되고 있어요. 그 일도 저에게는 잊을 수 없는 일이에요.

한국과 베트남을 비교했을 때 가장 두드러진 점은 무엇이라 생각하는지요?

한국 사람들은 돈이 없어도 친절을 베풀어 주는 것 같아요. 베트남에서는 병원에 가더라도 돈이 없으면 치료를 받지 못해요. 한국에서는 우선 친절을 베풀어 주는 것 같아요.

또 한 가지는 다른 점은 설 명절이에요. 한국은 3일밖에 쉬지 않지만, 베트남은 한 달 정도 축제 분위기예요. 사찰에 가거나 노래를 부르거나 씨름판이 벌어져요. 그래서 명절 때는 베트남에 가고 싶어요.

좋아하는 음식은?

매운 것 빼고는 다 잘 먹어요. 처음에 와서 자장면을 먹어서인지 자장면을 좋아해요.

다문화가족을 위해 한국 정부에서 해주었으면 하는 일이 있다면 무엇인지요?

저처럼 일하는 결혼이주민을 위해 주말에 부모교육을 해주었으면 좋겠어요. 아이들 공부나 숙제를 도와주고 싶은데 어떻게 해야 할지를 잘 모르겠어요. 전에는 도서관에서 주말반이 있어 한국어를 배우곤 했는데 지금은 없어졌어요. 아이가 학교에 가니까 제일 큰 걱정이 학교에서 왕따를 당하지 않을까 하는 생각이에요. 제가 아이를 잘 도와줄 수 있는 방법을 배울 수 있는 기회가 있었으면 좋겠어요. 또 전에 연말에 있었던 다문화가족을 위한 송년의 밤을 다시 했으면 좋겠어요. 그때 많은 사람들이 모였는데 몇 년 전에 그 행사가 없어져서 아쉬워요. 온 가족이 다 함께 모여서 참 즐거운 시간을 가졌거든요.

앞으로 개인적인 계획은?

한국어를 가르치는 교사가 되고 싶어요. 둘째 아이가 크면 제가 베트남에 가서 한국어를 가르치는 것도 생각해 보고 있어요. 그러기 위해 한국어 교사 자격을 취득하고 싶어요.

시민들에게 하고 싶은 이야기는?

친절하게 대해줘서 감사하다는 말씀을 전하고 싶어요. 앞으로도 저 같은 결혼이주여성을 친절하게 대해주고 다문화가족 아이들도 왕따를 하지 않기를 바라요. 제 아이가 공부도 잘하고 훌륭한 사람으로 자랐으면 좋겠거든요.

김장도 하고, 시부모 제사도 손수 음식을 장만해서 지낸다는 그는 여느 한국 며느리나 다름없다. 가수 장윤정의 노래를 좋아해서 노래방에 가면 마이크를 놓지 않는다는 그가 한국어 교사 자격증을 취득해서 꼭 한국어를 가르치는 교사가 되어 그 행복감을 느끼며 살아가길 바라본다.

10

통번역 전문가로 다양한 활동 전개 : 베트남 하롱베이에서 온 S씨(2015년 4월 인터뷰)

가는 봄이 아쉽게 느껴지는 4월에 P시 다문화가족지원센터를 찾았다. 센터에서 통번역 전문가로 당당히 일하는 S씨를 만나기 위해서다. 봄내음을 물씬 풍기는 듯한 밝은 느낌의 스카프를 두른 그가 업무 중 반갑게 맞아준다. 현재 안정된 직장생활을 하는 남편과 유치원에 다니는 딸, 친정아버지와 함께 살고 있다. 그는 베트남 하롱베이에서 왔다.

한국에 오시기 전에 베트남에서는 어떤 일을 했는지요?

고등학교를 졸업하고 집에서 부모님 일을 도왔어요. 가족은 아버지, 어머니, 남동생이 있어요. 아버지는 최근 한국에 오셨어요. 위가 좋지 않아 병원에 다니면서 공장에서 일하고 계세요. 엄마는 베트남에서 농사를 짓고 있어요.

언제 한국에 오셨고, 동기나 계기를 말씀해 주시겠어요?

2008년에 남편을 만나 한국에 왔어요. 벌써 7년이 되었군요. 사촌 언니가 먼저 한국에 와서 남편과 가까운 곳에 살았는데 남편을 지켜보고 직장도 안정되어 있고, 성실하고 착하다고 소개해 주었어요.

지금 하는 일은?

2014년 2월부터 다문화가족지원센터에서 통번역 일을 맡고 있어요. 센터에 계신 선생님 소개로 이 일을 시작하게 되었지요. 하는 일의 내용은 베트남에서 온 사람들에게 한국 생활 안내나 상담 등을 해주고 있어요. 지금까지 활동하면서 가장 기억에 남은 일은 베트남 신부가 의사소통이 어려워 가족이 위기에 처했는데 상담 후 좋아진 경우예요. 지금도 가끔 전화로 연락을 주고받고 있어요.

한국 생활 중 즐거운 점과 애로사항은 무엇인지요?

즐거운 점은 다문화센터에서 의사소통이 힘든 사람들을 도와주고 있는 일이에요. 조금 어려운 일이라면 지금까지 사무를 본 적이 없어 업무적으로 문건을 작성하거나 컴퓨터 등을 다루는 일이에요.

한국에서 경험한 일 중 가장 인상 깊은 일은?

아이를 낳았던 순간을 잊을 수 없어요. 남편이 제 손을 꼭 잡아주었고, 행복한 순간이었어요. 또 센터장님이 친정 엄마처럼 따뜻하게 대해주기도 하고 때로는 아낌없는 조언을 해주고 계시는 일이에요.

한국과 베트남을 비교했을 때 가장 두드러진 점은 무엇이라 생각하는지요?

한국과 베트남은 문화적으로 차이가 있어요. 예를 들면, 설날에 한국에서는 떡국을 먹는데, 베트남에서는 설날에, '만쭝'이라는 네모 모양의 찹쌀떡을 먹어요. 그 의미는 땅처럼 생긴 떡을 먹고 땅이 생명력이 있듯이 오래 살라는 뜻이 있어요.

일하는 방식과 생각하는 방식에도 차이가 있는 것 같아요. 한국 사람은 자세하게 일을 하고 미래를 생각하지만, 베트남에서는 꼼꼼하게 일을 하기보다는 전반적으로 일을 하고 미래보다 지금 현재를 중시해요.

좋아하는 음식은?

한국 음식은 특별히 가리지 않고 먹는 편인데, 특히 갈비를 좋아해요. 요리를 좋아해서 매주 주말이면 가까이 사는 다문화가족 다섯 가족 정도가 저희 집에 모이는데 점심때는 베트남 요리, 저녁에는 한국 음식을 먹으면서 즐거운 시간을 보내고 있어요.

다문화가족을 위해 한국 정부에서 해주었으면 하는 일이 있다면 무엇인지요?

몇 가지가 있어요.

첫째, 센터뿐 아니라 주민자치센터 단위로 주말에도 한글반이 운영되면 좋겠어요. 일을 하는 결혼이주여성이나 외국인은 한글을 배울 시간이 주말밖에 없어요. 그러므로 그들을 위한 배려를 해주면 좋겠어요.

둘째, 남편뿐 아니라 시부모와 시댁 식구들 모두에게 결혼이주여성 나라의 문화를 알려주는 프로그램이 운영되면 좋겠어요. 한국 다문화 정책은 결혼이주여성에게 한국문화에 적응하도록 하는 내용이 많은데, 이와 반대로 저희와 함께 사는 사람들이 결혼이주여성을 이해할 수 있도록 그들의 나라에 대해 알 수 있게 하는 내용도 있으면 해요.

셋째, 다문화가족 아이들에게는 엄마 나라의 말로 수업을 할 수 있도록 하는 프로그램도 있었으면 해요. 그러면 아이들도 엄마 나라를 이해하고 엄마를 자랑스럽게 여길 것 같아요.

넷째, 다문화가족센터에서 기업과 연계해서 외국인들이 안정된 직장생활을 할 수 있도록 직업교육이 있었으면 해요.

시민들에게 하고 싶은 이야기는?

외국인이지만 한국에 온 사람들이니 따뜻하게 대해주면 좋겠어요. 의사소통이 잘 안 되더라도 가르쳐 주면서 도와줬으면 해요. 다문화가족 아이들도 관심 가져주고 차별하지 않았으면 합니다.

그는 워크숍 참여로 가족 중 혼자 제주를 다녀왔다. 그 이후로 온 가족이 손을 잡고 제주도에 가보는 것이 소망이라고 한다. 또 다문화가족지원센터에서 통번역사로 일하는 것이 행복하고 이 일을 계속했으면 하는 바람이다. 그의 바람이 이루어져 한국에서의 생활이 더욱 행복했으면 한다.

11

아픈 사람을 돕고 싶어요!
: 세계의 지붕, 네팔에서 온 K씨(2015년 5월 인터뷰)

2015년 4월 25일 네팔 카트만두에서 규모 7.9의 강력한 지진이 발생했다. 이후 이번 달 12일에 비슷한 크기의 2차 지진까지 발생했다. 이로 인한 사망자가 8천여 명이 넘고, 부상자와 실종자가 1만 8천여 명이 넘는다.

P시 다문화가족센터에서 네팔 출신 K씨를 만났다. 그는 외국 친구들과 연결되어 있는 페이스북을 통해 지진 소식을 접하고 깜짝 놀라 네팔에 전화를 했으나 처음에는 연결이 되지 않아 걱정이 컸다. 다시 몇 차례 시도 끝에 어머니와 딱 한 번 통화할 수 있었다. 어머니는 울먹이며 "다행히 살아있으니, 걱정은 하지 마라"고 했다고 한다. 그 이후 다시 전화 통화가 안 되고 있다.

가족으로는 부모님과 고등학생인 남동생 2명, 여동생 1명이 있다. 집이 부서져 임시로 지은 가건물에서 지내고 있다. 부모님은 염소를 키워 팔거나 감자, 옥수수 등 농사를 지었는데, 앞으로 생계를 어떻게 해나가게 될지 걱정이 된다고 한다. 그와의 인터뷰를 통해 결혼이주여성으로서 한국 생활을 어떻게 하고 있는지 알아본다.

한국에 오시기 전에 네팔에서는 어떤 일을 했고 어떻게 생활했는지요?

네팔에서 8년 동안 학교에 다녔어요. 이후 미용학교에서 2년 기술을 배워 미용실을 운영했지요.

언제 한국에 오셨고, 동기나 계기를 말씀해 주시겠어요?

한국에는 2012년 10월에 왔어요. 미용실에서 만난 한국 여자 손님이 결혼정

보업체를 운영하고 있었어요. 저보고 한국에 오면 힘들지 않게 일하면서 생활이 가능하다고 하더군요. 저는 무엇보다 마음씨 좋은 사람이면 된다는 생각을 갖고 남편을 만나 한국에 오게 되었어요.

지금 하는 일은?

지금은 다문화센터에서 한국어를 배우면서 집에서 양육과 살림을 하고 있어요. 가족으로는 시부모님, 남편, 두 살짜리 딸이 있어요.

한국 생활 중 즐거운 점과 애로사항은 무엇인지요?

다문화센터에서 한국어를 배울 때 가장 행복하고 즐거워요. 힘든 점은 아직 한국어가 서툴러 많은 사람을 만나는 것이 두려워요.

한국에서 경험한 일 중 가장 인상 깊은 일은?

처음 한국에 왔을 때 머리도 아프고 외로웠어요. 그때 다문화가족센터에서 네팔에서 온 분을 소개해 줬는데 그분을 통해 많이 위로를 얻을 수 있었어요.

한국과 네팔을 비교했을 때 가장 두드러진 점은 무엇이라 생각하는지요?

한국은 사람은 표현이 직설적인 것 같아요. 그에 비해 네팔 사람은 상대를 배려해서 간접적으로 얘기하는 편이에요. 네팔에서는 설날에는 '로티'라는 쌀가루로 만든 빵을 먹고, 추석에는 염소를 볶아서 먹으며 즐거운 시간을 보내요. 네팔에서도 염소는 여성에게 좋은 음식으로 알려져 있지요.

좋아하는 음식과 취미는?

김치찌개, 된장찌개와 오징어 등 바다에서 난 것을 좋아해요. 취미는 한국어 배우는 것이에요. 빨리 한국어를 배워 부담 없이 얘기를 나누고 싶어요. 아직은 한국 사람들과 얘기를 나눌 때는 못 알아들을까 봐 걱정이 앞서요.

다문화가족을 위해 한국 정부에서 해주었으면 하는 일이 있다면 무엇인지요?

일할 수 있는 곳을 만들어 주었으면 해요. 기회가 주어지면 일을 하고 싶어서 아이를 키우면서 열심히 한국어 공부를 하고 있어요.

앞으로 개인적인 계획은?

경제 활동도 하고 싶고, 병원에서 아픈 사람들도 도와주고 싶어요.

시민들에게 하고 싶은 이야기는?

한국에 왔으니 여기서 잘 살고 싶고, 아이도 잘 키우고 싶어요. 많이 도와주세요.

아직은 결혼이주여성으로서 살아가기 힘든 한국에서 그는 아픈 환자를 돕고 싶다는 따뜻한 마음을 갖고 있다. 그런 그가 일할 곳도 생기고, 남편, 시부모를 포함한 여러 사람과의 관계 속에서 진정 행복하기를 바라는 마음이 크다.

12

소소한 행복을 나누는 한국생활!
: 중국에서 온 J씨(2015년 6월 인터뷰)

가뭄 중에 비가 내린 후인지, 마음도 상쾌한 주말에 중국 웨이하이(威海)에서 시집온 J씨를 만났다. 초등학교 1학년과 어린이집에 다니는 아이들과 함께 반긴다. 그의 고향 웨이하이는 산둥반도에 자리한 항구도시로 중국 정부에서 계획적으로 만든 곳이며 중국인들이 가장 살고 싶어 하는 도시이다. 또 세계 3대 청정 도시이자 세계 10대 살기 좋은 도시에 속하기도 한다.

웨이하이에는 삼성로가 있을 정도로 우리나라 전자 관련 회사가 진출해 있기도 하다. 그도 결혼하기 전에 반도체 회사에 다니다가 중국에 파견 나와있던 지금의 남편을 만나 결혼했다. 일문일답을 통해 그의 생활을 들여다본다.

한국에 오시기 전에 중국에서는 어떤 일을 했고 어떻게 생활했는지요?

4년 동안 반도체 회사에서 근무했어요. 주로 TV나 핸드폰에 들어가는 부품을 만드는 일을 했지요.

언제 한국에 오셨고, 동기나 계기를 말씀해 주시겠어요?

2008년 10월에 한국에 왔어요. 중국에서 남편과 같은 회사에 다녔어요. 출장을 갔다가 남편을 만났는데 성실해 보이는 남편이 좋아 보여 프로포즈에 응했지요. 결혼식은 중국에서만 했어요. 결혼 후 7~8년 중국에서 한국어도 배우고, 한국 문화와 음식 등도 배우고 올 계획이었으나 사정상 바로 오게 되었어요.

지금 일을 하고 있는지요?

아이들을 양육하면서 찜질팩을 만드는 회사에서 아르바이트를 하고 있어요. 아침 9시부터 오후 4시까지 일해요. 큰아이는 학교 끝나고 돌봄 교실과 피아노를 마치는 시간이고, 작은 아이는 그 시간에 제가 데리러 가요.

한국 생활 중 즐거운 점과 애로사항은 무엇인지요?

아이들 키우는 일이 힘들기는 해도 소소한 행복을 느끼며 살아가고 있어요. 어려웠던 일은 처음에 한국에 와서 한국말을 잘 못해서 힘들었어요. 오기 전에 두 달 정도 한국어를 배우기는 했지만, 의사소통이 힘들었지요. 금촌에 있는 다문화센터에 가서 한국어를 배웠어요.

한국에서 경험한 일 중 가장 인상 깊은 일은?

개인적으로는 무릎 관절이 좋지 않아 수술을 했던 일이에요. 그때 아이 양육 때문에 친정어머니가 오셔서 한 달 정도 계시다 가셨어요. 시어머니가 도와주셨으면 더 좋았을 텐데라는 아쉬움이 있어요.

한국과 중국을 비교했을 때 가장 두드러진 점은 무엇이라 생각하는지요?

중국 남자들은 집에서 밥을 짓거나 반찬을 만드는 등 집안일을 하는데 한국 남자들은 거의 하지 않는 점이에요. 중국에서는 맞벌이를 할 경우 육아는 주로 조부모나 외조부모가 하는 데 비해 식사 담당은 주로 남자들이 하고 있어요. 중국에 가족으로는 부모님과 결혼한 남동생, 여동생이 있는데, 올해 55세인 친정아버지는 지금도 요리를 하세요.

좋아하는 음식과 취미는?

중국 사람인데도 자장면은 별로 좋아하지 않고, 한국 비빔밥을 좋아해요. 취미는 십자수 놓는 것이에요. 임신 3~4개월부터 시작했어요.

다문화가족을 위해 한국 정부에서 해주었으면 하는 일이 있다면 무엇인지요?

아이들 교육 관련 프로그램이나 생활지도를 해주었으면 좋겠어요. 다문화 가정으로 선생님이 파견 오는 제도가 있어 오래전에 신청했는데 대기자가 많다고 해서 아직도 기다리고 있어요. 한국은 가정에서 책도 사주고 학습지도 사주는 등 가정의 역할이 많은 것 같아요. 그래서 아이들 교육이 걱정인데 도움을 받고 싶어요.

앞으로 개인적인 계획은?

아이들이 어느 정도 크면 중국에 가서 가게를 운영하고 싶어요. 한국 아동복이나 화장품 가격은 저렴한 편이에요. 한국 제품을 중국에서 팔고 싶어요.

한국은 아이들이 아플 경우 소아과 처방약을 쉽게 먹일 수 있어 편리했다. 그러나 의사나 간호사가 반말을 하는 것이 이해하기 힘들었다고 한다. 그의 경험담을 통해 말은 잘 통하지 않을지라도 존중받고 있다는 느낌이 중요하다는 것을 알 수 있다. 결혼이주여성들이 말이 서툴더라도 친절하게 대해주는 시민이 되었으면 하는 바람이다.

13

중국문화를 가르치고 싶어요!
: 조선족 동포 Y씨(2015년 7월 인터뷰)

여름 장마 가운데 잠깐 비가 멈춘 7월 마지막 주말에 Y씨를 찾았다. 그는 중국 창춘(長春) 출신 조선족이지만, 겉으로 보기는 영락없는 한국 엄마의 모습이다. 현재 전형적인 농촌 마을에서 농사일을 거두며 육아를 하고 있다.

11대째 사는 한옥에 들어서자 그의 남편과 딸이 함께 맞아준다. 둘째는 방에서 자고 있었다. 올해 84세인 시어머니는 마을회관으로 마실을 가셨다. 인터뷰를 통해 그의 한국 생활에 대해 알아본다.

한국에 오시기 전에 중국에서는 어떤 일을 했고 어떻게 생활했는지요?

통화사범학원(通化师范学院, Tonghua Normal University)에서 역사교육을 전공했어요. 대학을 졸업하고 약 5년 정도 한국과 프랑스를 대상으로 하는 무역회사에 근무했습니다. 그 후 1년간 실험중학교(중・고등학교)에서 고등학교 졸업 후 한국 대학으로 전자기술을 배우러 가는 유학생들에게 한국어를 가르쳤습니다.

언제 한국에 오셨고, 동기나 계기를 말씀해 주시겠어요?

2007년에 한국에 왔어요. 앞에서 말한 실험중학교에서 한국어를 가르칠 때 한국어 문법이 어려워서 인터넷에 한국어 문법을 가르쳐 줄 사람을 찾았는데, 한국에 있던 지금의 남편이 가르쳐 주겠다고 나섰어요. 그것이 인연이 되어 약 1년 정도 채팅, 화상 통화 등으로 교제를 하다 2006년 10월에 남편이 중국으로 와서 결혼을 약속하고 여행을 하게 되었어요.

지금 하는 일은?

둘째 아이가 아직 어려, 집에서 주로 육아를 하고 있어요. 시어머니와 남편이 농사일을 하기 때문에 가끔 농사일을 돕기도 하고요.

한국 생활 중 즐거운 점과 애로사항은 무엇인지요?

경인교육대학교에서 이중언어강사 과정을 마치고, 교육청을 통해 2년 4개월 정도 초등학교에서 이중언어강사 활동을 했을 때가 가장 행복했어요. 힘든 점은 특별히 없는데 매 끼마다 주로 절인 음식인 한국 요리를 먹는 일이에요. 중국은 볶음 요리가 많거든요.

한국에서 경험한 일 중 가장 인상 깊은 일은?

이중언어강사로 초등학교 아이들에게 중국어를 가르쳤을 때 친절하게 대해준 선생님들을 잊을 수가 없어요. 특별히 당시 만난 교감 선생님과 주임 선생님께는 다시 한번 감사의 말씀을 드리고 싶어요.

한국과 중국을 비교했을 때 가장 두드러진 점은 무엇이라 생각하는지요?

지금 생각나는 것은 두 가지예요. 하나는 한국 사람은 한 가지 일을 파고드는 사람이 많다는 것이에요. 중국 사람은 이것도 해보고, 저것도 해보는 사람이 많아요. 또 다른 한 가지는 한국 사람은 어떤 일을 할 때는 끝장을 보는 것 같아요. 예를 들어, 고추를 심는다면 점심시간이 끼어 있더라도 일단 고추를 다 심고 나서 식사를 하지만, 중국에서는 점심시간이 되면 하던 일을 멈추고 점심을 먹고 난 후 쉬엄쉬엄 다시 일을 하지요. 시어머니가 올해 84세인데도 어머니도 일을 다 마치고 식사를 하시곤 하지만, 저는 호박을 따러 가더라도 이것저것 구경하고 나서 호박을 따오는 편이죠.

좋아하는 음식과 취미는?

매끼 먹기는 하지만 그래도 김치를 좋아해요. 원래 제 취미는 붓글씨, 그림

그리기, 글씨 쓰기 등인데 지금은 코바늘을 배우고 있어요.

다문화가족을 위해 한국 정부에서 해주었으면 하는 일이 있다면 무엇인지요?

일을 할 수 있는 기회를 만들어 주면 좋겠어요. 정말 일을 하고 싶은데 조선족이라서, 결혼해서 안 된다는 말을 듣곤 했어요.

앞으로 개인적인 계획은?

사범대학에서 공부를 했고, 가르치는 것을 좋아해요. 다시 학교에 나가 중국어나 중국문화에 대해 가르치고 싶어요.

그는 취업 면접에서 몇 차례 조선족이라서, 결혼해서 안 된다라는 말을 들었다. 그는 민족과 결혼 여부를 떠나 일할 수 있는 기회를 주기를 간절히 바란다고 했다. 그가 마음씨 좋은 얼굴로 강단에 서서 아이들에게 중국어와 중국문화를 전해주는 의미 있는 가교 역할을 하는 기회를 가졌으면 하는 바람이다.

14

도서관 사서로 일하고 있어요!
: 몽골에서 온 T씨(2015년 8월 인터뷰)

무더위가 한창이던 8월 중순, D대학교 도서관을 찾았다. 그곳에는 몽골에서 시집온 T씨가 근무하고 있다.

대학은 아직 방학이고, 방문했던 시간이 이른 시간대라서 찾는 학생은 거의 없지만 학기 중에는 많은 학생이 찾는다고 한다. 그는 도서관에서 자료를 정리하고, 학생들이 DVD를 찾을 때나 프린트를 할 때 도와주고 있다. 그가 도서관에 근무할 수 있게 된 것은 다문화센터와 서포터즈로 활동하는 Y씨의 도움이 컸다고 한다. 그와의 인터뷰를 통해 한국 생활을 들여다본다.

한국에 오시기 전에 몽골에서는 어떤 일을 했고, 현재 가족들이 생활하고 있는지요?

대학에서 영어를 전공했어요. 대학 졸업 후 교육센터와 어린이집에서 보육교사로 근무를 했는데, 보수가 너무 적어 그만두게 되었어요. 그 후 의류 관련 사업을 했습니다. 현재 몽골에는 엄마, 오빠, 동생이 살고 있어요.

언제 한국에 오셨고, 오시게 된 동기나 계기를 말씀해 주시겠어요?

몽골에서 알고 지내는 할머니 소개로 남편을 만났어요. 남편은 음주를 하지 않고 자상하고 착한 사람이에요. 그래서 결혼을 결심하게 되었지요. 한국에는 2011년 9월 말에 오게 되었어요.

지금 하는 일은?

대학 도서관에서 근무하고 있습니다. 근무시간은 09 : 30~17 : 30이에요. 학생들이 저에게 말도 많이 걸어주고 친절하게 대해줘서 즐겁게 일하고 있어요.

한국 생활 중 즐거운 점과 애로사항은 무엇인지요?

처음에는 한국어가 서툴러 의사소통이 어려워서 많이 힘들고 외로웠어요. 지금은 사랑하는 가족인 남편과 귀염둥이 아들이 있어서 행복해요. 크게 힘든 점은 없어요.

한국에서 경험한 일 중 가장 인상 깊은 일은 무엇인지요?

한국어를 열심히 배워 의사소통이 잘되고, 하고 싶은 말을 자연스럽게 표현할 수 있어서 좋아요. 그리고 제가 좋아하는 학생들이 있는 곳에서 일을 하고 있어서 무척 행복합니다.

한국과 몽골을 비교했을 때 가장 두드러진 차이점은 무엇이라 생각하는지요?

몽골 사람과 한국 사람을 비교했을 때 한국 사람들은 일을 열심히 한다는 거예요. 물론 몽골 사람도 일을 하기는 하지만, 한국 사람들이 몽골 사람보다 더 일에 집중해서 열심히 하는 것 같아요.

좋아하는 음식과 취미는 무엇인지요?

한국 음식이라면 다 좋아하고 잘 먹습니다. 특히 빵을 즐겨 먹고 있어요. 취미라면 요리예요. 몽골 음식과 한국 음식을 만들어서 지인들을 초대해서 함께 음식을 나눠 먹는 것을 좋아해요.

다문화가족을 위해 한국 정부에서 해주었으면 하는 일이 있다면 무엇인지요?

다문화지원센터는 제 가족이나 마찬가지입니다. 한국어와 한국문화를 배울 수 있고, 많은 친구, 언니, 동생들을 만날 수 있어요. 특히 서포터즈를 통해 많은 도움을 받을 수 있어 좋습니다. 결혼이주여성들을 위한 좋은 교육과 일자리를 마련해 주시면 감사하겠습니다.

앞으로 개인적인 계획은?

한국어를 더 잘할 수 있도록 계속 공부할 예정입니다. 또 현재 네 살 아들을 훌륭하게 잘 키우는 좋은 엄마가 되고 싶습니다. 아이가 좋아하는 일을 하면서 착하고 사랑받으며 자랄 수 있으면 좋겠어요.

시민들에게 하고 싶은 이야기는?

저는 외국에서 온 결혼이주여성이지만 똑같이 한국에서 살고 한국을 좋아합니다. 결혼이주여성이면 못 살고 아무 것도 못하는 불쌍한 사람으로 인식하는 고정관념을 바꿔주셨으면 좋겠습니다. 배우면 저희도 잘할 수 있습니다. 사랑으로 대해주시면 감사하겠습니다. 많이 이해해 주시고 응원해 주세요.

그와의 인터뷰를 통해 다문화센터 서포터즈가 궁금해졌다. 그에게 도움을 준 서포터즈 Y씨를 만나 다문화센터 서포터즈 활동과 서포터즈로서의 바람을 들어봤다.

서포터즈는 언제부터 시작했는지요?

제가 서포터즈 위원으로 등록하여 활동을 시작한 것은 올해 초입니다. 그런데 사실은 그 이전부터 개인적으로 새로 한국에 온 결혼이주여성들을 돕고 있었어요.

서포터즈를 하게 된 계기와 동기는 무엇인지요?

제가 한국에서 살다 보니 많은 문제가 있었고, 주변에 있는 결혼이주여성들 외로움과 힘든 점을 저에게 호소했습니다. 그들은 언어와 문화 차이에서 오는 고부간의 갈등, 자녀교육 문제를 가지고 있었고, 그러한 문제를 어떻게 해결해야 할지, 어디서 정보를 얻을 수 있는지를 잘 모르는 분들이 많았습니다.

저는 시행착오를 겪으며 이미 정착한 사람으로서, 빠른 시일 내에 그들이 안정적으로 정착할 수 있도록 정보를 제공해 주고 싶었어요. 그래서 그들이 다문화가족센터에서 한국어와 생활, 교육, 문화 등 다양한 프로그램에 참가하여 지원 서비스를 받을 수 있도록 돕는 서포터즈 활동을 해야겠다는 생각으로 시작하게 되었어요.

서포터즈로서의 보람과 애로사항은 무엇인지요?

제가 잘 도와주는 것도 좋지만, 무엇보다 본인의 의지와 노력이 중요하고, 남편을 포함한 가족구성원들이 이해해 주고 도와주는 것이 바람직합니다. T씨처럼 안정적인 생활을 하면서, 건강하고 씩씩하게 살아가는 행복한 모습을 보면 보람을 느낍니다.

T씨는 어떻게 만났는지요?

우연히 길에서 만나게 되어 알고 지냈어요. 그러다가 한국생활의 어려운 점을 저에게 얘기하기에 다문화가족지원센터에서 도움을 받을 수 있도록 연계했습니다.

T씨는 어떤 분이라 생각되는지요?

지금과 같이 열심히 생활할 것이라 보고, 어려운 일이 생기더라도 충분히 잘 이겨내고, 앞으로는 서포터즈 활동도 잘할 수 있으리라 믿습니다.

실질적으로 결혼이주여성들에게 도움이 될 수 있는 일로는 어떤 일들이 있다고 생각되는지요?

다문화센터에서는 한국어뿐 아니라 다른 좋은 프로그램이 많은데, 이에 대해 적극적으로 홍보를 했으면 좋겠어요. 정부 차원에서는 다문화가족센터를 통해서 초기입국 1~5년 결혼이주여성들에게는 도움을 주고 있습니다. 바람이 있다면, 저처럼 5~10년 이상 된 결혼이주여성들이 참여할 수 있는 좋은 프로그램과 일자리를 마련해 주면 좋겠습니다.

다문화센터에서 서포터즈 활동을 돕고 있는 L씨는 서포터즈의 역할에 대해 "초기 입국 다문화가족에게 한국 사회 정착에 필요한 의사소통 방법과 문화적 다양성에 대한 정보 제공을 해주고 있습니다. 신규 결혼이민자를 발굴하여, 다문화가족지원센터 등록을 돕고, 그들이 관련 프로그램을 이용할 수 있도록 하고 있으며, 관공서, 병원, 은행 등의 생활 안내와 자녀양육, 경제적 어려움 등에 대한 상담도 해주고 있습니다"라고 전해준다.

T씨가 대학 도서관에 근무하기까지는 실질적으로 다문화센터의 역할이 컸다. 센터장은 "결혼이주여성들은 남편과 나이 차이가 큽니다. 그래서 멀리 내다봤을 때 그들이 직업을 갖도록 하는 것은 매우 중요합니다. 저희는 단순한 지원을 떠나 직업을 갖고 당당히 전문가로 살아갈 수 있도록 할 것입니다"라고 한다.

이렇게 결혼이주여성들이 전문인으로 살아가기 위해서는 관련 부서의 적극적인 정책적 배려도 필요할 것이다. 가족여성과장은 "결혼이주여성들이 시민으로 정착하여, 시민과 똑같은 지원과 혜택을 받기를 기대합니다. 또 그들의 자녀들이 대한민국의 구성원으로 살아갈 수 있도록 교육적 측면의 지원에도 초점을 두고 있습니다. 무엇보다 가족 구성원을 비롯한 시민들이 그들을 외국에 온 사람이 아닌, 시민의 한 사람으로 바라보는 인식의 전환이 중요하다고 생각합니다"라고 말한다.

T씨가 자신이 좋아하는 학생들과 안정된 직장에서 일을 하면서 행복해하듯이 더 많은 결혼이주여성들이 전문가로서 일을 할 수 있기를 바란다. 서포터즈로 활동을 하는 Y씨는 벌써 1세대 결혼이주여성들의 자녀들이 대학생이 되고 군인이 되었다고 귀띔해 준다. 한국에 온 지 오래된 결혼이주여성들을 위한 다양한 일자리도 만들어졌으면 한다. 그들의 자녀들이 국방의 의무를 다하며 당당히 한국인으로 살아가듯이, 그들의 엄마들의 삶도 그랬으면 하는 바람이다.

15

결혼이주여성들의 명절 : 추석과 일본의 오봉, 중국의 중추절(2015년 9월 인터뷰)

한국에서 생활하는 결혼이주여성들의 명절은 어떻게 보낼까? 특히 한국과 가까이 있는 일본, 중국의 명절을 알아본다.

일본 후쿠오카 출신으로 대학에서 가정학을 전공한 L씨는 한국에 온 지 올해로 15년째이다. 현재 두 딸과 아들, 남편과 함께 살고 있다.

일본에도 추석과 같은 명절이 있는지요?

일본에는 우리나라 추석에 해당하는 '오봉'이라는 것이 있습니다.

오봉의 의미나 유래 등에 대해 말씀해 주시겠어요?

오봉은 조상의 영혼과 죽은 친척의 영혼을 살아있을 때 지낸 집에서 맞이하여 공양하는 행사에서 정식으로는 우란분재(盂蘭盆齋)라고 합니다. 원래는 인도나 중국을 경유하여, 아스카 시대에 일본에 전해진 불교 행사가 일본 고유의 행사나 축제와 결합되어 현재의 형태가 되었습니다.

오봉은 언제인지요?

도쿄 등 도시 지역에서는 7월 13일부터 16일에 지냅니다. 보통은 8월 13일부터 16일에 있습니다. 오봉 때는 그동안 바빠서 만나지 못했던 가족이 한자리에 모여 조상에게 감사의 마음을 전합니다.

오봉은 어떻게 지내나요?

오봉 전날 14일을 무카에비(迎え火)라고 합니다. 저녁에 조상의 영혼이나 길을 잃지 않고 집에 올 수 있도록 하는 표시로서 집 앞에서 불을 피워, 조상의 영혼을 집으로 맞이하고 집 입구나 안에는 등불을 켜둡니다.

오봉날인 15일은 가족들이 모여 조상들에게 감사의 마음을 담아 정진요리(精進料理)를 만들어 올리고 제사를 지냅니다. 제사를 지낸 후에는 그 음식을 가족과 함께 먹습니다. 정진요리는 불교식으로 야채를 중심으로 만들어진 요리입니다. 조리법은 단맛, 신맛, 쓴맛, 짠맛, 매운맛의 오미(五味)와 빨강, 흰색, 녹색, 노랑, 검정의 오색(五色)과 생, 조림, 구이, 튀김, 찜의 오법(五法)이 있습니다.

오봉 때 하는 놀이 등이 있는지요?

오봉 마지막 날 16일은 집 안에 모신 조상들이 잘 가시는 의미로, 등불을 보내기 위한 오쿠리비(送り火)를 합니다. 지역에 따라서는 등불을 강에 보내는 곳이 있습니다. 최근에는 많이 없어졌지만, 16일 밤에 신사의 경내나 운동장에서 남녀노소가 모여서 춤을 추기도 합니다.

한국에서 추석은 어떻게 보내는지요?

추석 때는 제가 사는 집에서 온 가족이 모여 송편을 빚거나 음식을 만들어 차례상을 차립니다. 아이들을 어른들 앞에 서게 한 후, 조상들에게 감사의 마음을 담아 절을 올립니다. 종교에 따라 서서 기도하기도 합니다.

중국 창춘 출신으로 한국에 온 지 8년째 되는 Y씨는 현재 딸, 아들, 시어머니, 남편과 함께 살고 있다. 그를 통해 중국은 어떤 명절을 보내는지, 한국 명절은 어떤지 알아보았다.

중국에도 추석과 같은 명절이 있는지요?

중국에는 중추절이 있어요. '가을의 중간'이라고 해서 '중추절'이라고 이름을 지었다고 해요.

중추절은 어떻게 지내는지요?

옛날에는 달을 신으로 모시고 제사를 지내면서 달구경을 했어요. 지금도 달에게 제사를 지낸 흔적을 도시에서 찾아볼 수 있어요. 북경의 월단(月坛)은 중국의 명·청 때 봄에는 해에게 가을에는 달에게 제사를 지내는 곳이었지요. 둥근 달은 단원(团圆)을 상징해요. 달이 기울면 이별을 상징하기도 합니다. 옛날과 달리 지금은 달에게 제사를 지내기보다는 달을 구경하는 것을 더 중요시하고 즐기는 편이지요. 이전에는 중추절에 휴가가 없었어요. 휴가가 있더라도 반나절 정도였는데 최근에는 3일 혹은 2일 정도 쉬어요.

중추절 때 먹는 음식과 행사로는 어떤 것이 있는지요?

주로 월병(月饼)을 먹어요. 또 가까운 곳에 사는 친척들끼리 모여 식당에서 저녁에는 다원이라는 밥을 먹어요. 저녁 식사 후에는 달이나 등불 구경을 해요. 또는 등불을 사서 들고 다니며 즐기기도 하지요. 아주 친한 지인들끼리는 월병을 선물로 주고받기도 합니다.

농촌이라 추석 준비를 많이 하실 것 같은데 어떻게 하는지요?

저는 2007년 7월에 한국으로 왔어요. 그동안 지내면서 별로 중국과 다르다는 느낌이 들지 않았어요. 같은 언어, 김치, 된장, 고추장 등은 거의 다 먹고 자라났으니까요. 자주 먹느냐, 가끔 먹느냐 등 차이가 있을 뿐이죠.

한국에 와서 첫 추석을 보내면서 처음으로 문화가 중국과 많이 다르다는 것을 알게 되었어요. 농사를 짓기 때문에 한국의 추석을 몸으로 느끼게 되는 것 같아요. 해마다 바람이 산들산들 불면서 밤나무에서 밤이 톡톡 저희 집 지붕에 떨어지기 시작하면 '추석이 다가오는구나'라는 생각이 들어요. 떨어지는 밤을 하나하나 주워, 큰 것 작은 것을 골라 냉장고에 보관해 둬요. 집 앞에 대추도 발갛게 익기 시작하면, 익는 대로 따다 보관해 두고요. 또 참깨도 익는

대로 베어다 말리고 털어 놓아요.

그러다가 추석 2주 전후로 산소에 가서 벌초를 해요. 벌초라는 단어는 중국에는 없어요. 중국은 화장을 하기 때문이지요. 집안 식구가 같이 모여서 벌초를 해요. 여기서 집안 식구는 산소를 공동으로 사용하는 모든 친척들이에요. 처음으로 한국은 친척들이 자주 모인다는 것을 느꼈어요. 중국에서는 친척들이 다 같이 모인다고 하는 명절은 설날뿐이거든요. 중국의 대인구 이동은 잘 알려져 있는데, 점점 많은 사람이 설날에도 모이지 않는 것 같아요. 한국에서도 고향으로 가는 길이 쉽지는 않지만 같이 모여서 함께 하는 게 많다고 느꼈어요.

벌초가 끝나고 추석 1주 전부터 시어머님은 밭에서 부지런히 따다 말린 녹두, 동부로 음식을 준비하시더군요. 또 추석 제사를 지낼 때 먹는 김치를 따로 준비해요. 추석 2일 전부터는 모든 재료를 꺼내서 물에 불릴 것은 불리고, 삶은 것은 삶아 놓고 갈아 놓을 것은 갈아 놓아요. 준비가 끝나면 큰아주버님, 둘째 아주버님들이랑 형님들이 추석 전날에 오셔서 같이 모여서 송편을 빚고 전을 만들기도 해요.

추석은 어떻게 보내는지요?

추석에는 정성껏 만든 음식을 조상님께 먼저 드시게 제사를 지내요. 제사를 지내고 나서는 그 음식을 나눠 먹지요. 집에 오신 손님들이 가실 때에는 남은 음식을 싸서 보내요. 같이 복을 나눈다는 뜻이 있다고 해요.

일본에서 시집온 L씨는 한국의 추석이나 일본의 오봉은 집에서 음식을 만드는 것이 힘이 들기는 해도 가족이 모이고 조상의 은혜에 감사하는 마음이 더 크기 때문에 의미 있다고 한다. 중국에서 시집온 Y씨는 첫 해 한국에서 추석을 보내고 나서, '한마디로 힘들다'라는 생각도 있었지만, 정성이 담긴 명절이라는 생각이 들었다고 한다. 중국의 중추절은 한국의 추석보다 더 간단히 지내며 즐기는 편이라고 한다. 인터뷰에 응해준 두 사람뿐 아니라, 모든 결혼이주여성이나 외국인 노동자들이 가족, 친지와 더불어 행복한 추석 명절이 되기를 바라본다.

16

한국이 더 좋아요!
: 인도네시아에서 온 J씨(2015년 10월 인터뷰)

라이너 마리아 릴케(Rainer Maria Rilke)가 이틀만 더 남국의 햇살과 바람을 놓아달라고 한 덕분인지 황금색으로 물든 들판과 울긋불긋 단풍이 아름다운 길을 따라, 주말 오후에 J씨 집을 찾았다.

인도네시아에서 온 그와 아들, 딸이 맞아준다. J는 천 개의 꽃(千花)이라는 뜻으로 관광 가이드를 할 때 일본인이 붙여준 이름이란다. 이름처럼 다재다능한 그와의 인터뷰를 통해 한국 생활을 들여다본다.

한국에 오시기 전에 인도네시아에서 어떤 일을 했고, 어떻게 생활했는지요?

저는 반둥에서 8남매의 셋째로 태어났어요. 아버지가 사업을 하셨는데, 한 번은 화재로, 한 번은 태풍으로, 두세 번은 사람들 때문에 사업이 어려워졌어요. 그러다 보니 보고르 등 여기저기 이사 다녔어요.

디자이너가 되고 싶어 의상전문대학을 다녔어요. 그런데 부모님 형편이 어려워져 동생들을 학교에 보내지 못하겠다고 하시기에, 제가 학교를 그만두고 직장생활을 해서 동생들 학비를 대주었어요.

인도네시아는 중·고등학교 학비가 비싸요. 30만 원(한국 돈으로 삼백만 원) 정도 해요. 한 달 월급이 십만 원 정도로 석 달은 모아야 학비를 댈 수 있어요. 한국에 오기 전에 관광 가이드로 3년간 일했어요. 남편을 만난 뒤로는 한국인이 주인인 사우나에서 매니저로 2년 일했어요.

언제 한국에 오셨고, 동기나 계기를 말씀해 주시겠어요?

남편은 인도네시아에서 만났어요. 남편은 시아버지가 고무 관련 사업을 하실 때 고무 수입을 하기 위해 고무가 많은 인도네시아에 와 일하게 됐는데, 남편이 다니던 회사에 있던 제 친구를 통해서 알게 되었지요.

남편이 저를 보고 첫눈에 반했대요. 예쁘고 순수해 보인다며… 저는 외국인과 결혼할 생각이 없었는데, 끈질긴 남편 구애로 결혼하게 되었어요. 2008년 7월에 아들을 낳았어요. 아이가 두 살이 되던 2010년에 한국에 들어왔어요.

지금 하는 일은요?

육아와 일을 같이 하고 있어요. 처음에는 중고의류를 분류하는 일을 했어요. 지금은 주로 인도네시아에서 온 사람들을 대상으로 의류와 매운 고추·순무·콩 등의 야채, 건강식품 등을 판매하고 있어요. 남편이 고무 만드는 사업을 하는데, 그 일을 돕기도 하고요. 또 인도네시아와 한국 의류를 양국에 갖다 팔기도 하고, 한국 의류를 필리핀에 파는 일도 하고 있어요.

한국 생활 중 즐거운 점과 애로사항은 무엇인지요?

처음에 한국에 와서는 말이 통하지 않아 답답했어요. 게다가 시아버님이 외국인 며느리를 탐탁해하지 않으셔서 도망가고 싶은 적도 있었어요. 지금은 한국 생활이 즐거워요. 사업 일로 자주 만나는 분들이 있는데, 그분들과 수다를 떠는 것도 즐거워요. 인도네시아보다 더 좋아요.

한국에서 경험한 일 중 가장 인상 깊은 일은요?

처음에 외국인 며느리라고 저를 탐탁해하지 않으시던 시아버님이 반지와 목걸이를 선물해 주셨던 일을 잊을 수가 없어요. 2012년 태국으로 가족여행을 갔었는데, 그때 말없이 사서 주셨어요.

한국과 인도네시아를 비교했을 때 가장 두드러진 점은 무엇이라 생각하는지요?

인도네시아에서는 명절이 한 번 있어요. 그때는 형편이 되는 사람들이 어려운 사람들에게 쌀이나 음식을 나눠줘요. 한국에서는 추석이나 설 등 명절을 지내는 것이 힘들어요. 사람들 모이는 것이 좋기는 한데, 음식 만들기 등이 번잡해요. 또 친척들도 우리 가족 일에 간섭하는 경우가 있어요. 인도네시아에서는 그런 일은 없거든요. 각자의 개인 생활을 존중해 주면 좋겠어요.

좋아하는 음식과 취미는 무엇인지요?

가장 좋아하는 음식은 우거지갈비탕이에요. 청국장도 좋아해요. 청국장은 처음에는 냄새 맡기가 힘들었는데, 맛을 보고 나서는 지금은 좋아하는 음식이 되었어요.

다문화가족을 위해 한국 정부에서 해주었으면 하는 일이 있다면 무엇인지요?

외국에서 온 결혼 이주자에게 한국말을 가르쳐 주고 한국문화를 체험하게 하고 있는데, 외국인과 결혼한 한국 사람(가족 포함)에게도 아내 나라의 말을 배우게 하고 문화를 체험하게 했으면 좋겠어요.

구체적으로 문화체험은 약 두 달간 그 나라에 가서 직접 생활하게 했으면 해요. 예를 들면, 인도네시아에서는 왼손으로 아이 머리를 만지면 절대 안 되는데, 한국에서는 아무렇지도 않잖아요. 그런 문화 차이로 힘들기도 하니까, 서로 이해할 수 있는 체험을 기회를 만들어 주었으면 해요.

앞으로 개인적인 계획은 어떻게 되세요?

지금 하는 사업들이 잘 되었으면 좋겠어요. 지금도 어느 정도 수입이 되어, 인도네시아 부모 형제들이 제 덕분에 가게를 얻어서 자립적으로 살고 있어요. 무엇보다 우리 아이들이 엄마가 성공한 모습을 보고, 자존감이 높아졌으면 좋겠어요.

그는 지금도 버스를 타면 "얼마 주고 왔느냐?"라고 묻는 사람들이 있다고 한다. 그럴 때마다 당당히 남편이 자신을 좋아해서 오게 되었다고 말하고 있다고 한다. 외국인도 같은 사람이고, 어떤 사람은 정말 똑똑하다고 강조한다. 외국인도 같은 사람으로 인정해 주고 존중해 주면 좋겠다고 말하는 그의 말을 새겨듣는 시민이 많아졌으면 하는 바람이다.

17

맛있는 요리 사업으로 성공하고 싶어요!
: 필리핀에서 온 J씨(2015년 11월 인터뷰)

가을을 재촉하는 비가 내리는 주말에 J씨를 찾았다. 시장 맞은편에 번듯하게 자신의 이름을 걸고 가게를 운영하고 있다. 가게 근처에 가서 연락을 하자 전화기를 들고 "여기요. 여기요" 하며 마중 나온다.

가게 안에 들어서자 안쪽에 외국인들이 주말에 와서 식사도 하고 여흥의 시간을 즐기는 곳에서 그의 아이들 네 명이 아침 겸 점심을 하고 있다. 남편은 일하러 갔다. 그와의 인터뷰를 통해 한국 생활에 대해 알아본다.

한국에 오시기 전에 필리핀에서는 어떤 일을 했고 어떻게 생활했는지요?

필리핀 딸락에서 태어났어요. 가족으로는 부모님, 오빠, 여동생 두 명이 있고요. 대학에서 컴퓨터 관련 공부를 하다 경제적으로 어려워 그만두었지요. 요리를 좋아하고 잘한 덕분에 요리사로 3년 일했어요.

언제 한국에 오셨고, 동기나 계기를 말씀해 주시겠어요?

2000년에 한국 관광을 왔다가 눌러앉아 4년간 일하게 되었고, 남편은 그때 만났어요. 결혼은 2004년에 했어요. 남편의 자상함과 알뜰함이 맘에 들었어요.

지금 하는 일은?

월급만으로는 아이들 키우는데 경제적으로 어려워 가게를 시작했어요. 남동생이 2006년에 한국에 왔는데 그 동생이 일을 해서 모은 돈을 빌려서 가게를 얻었어요. 처음에는 시장 내에 있는 조그만 가게였어요. 주로 필리핀에서 온 사람들을 대상으로 식품을 판매했지요. 그러다가 제가 요리를 잘하기 때문에 필리핀 요리를 만들어 판매했어요. 5년 정도 되었는데 이 일이 잘되고 있어요. 미리 주문을 받아 발송해 주고도 있어요. 음식이기 때문에 날씨가 더울 때는 하지 못하고 선선할 때 해요.

한국 생활 중 즐거운 점과 애로사항은 무엇인지요?

일해서 경제적으로 자립할 수 있는 계기가 되어서 좋아요. 단, 일과 육아를 함께 하기가 힘들어요. 혼자서 가사와 육아, 사업을 하기에 벅차고 힘들어요. 그래도 하는 일이 잘되어 좋아요.

한국에서 경험한 일 중 가장 인상 깊고 필리핀과 다른 점은 무엇인지요?

필리핀에서는 남편들도 아이도 잘 돌봐주고 가사를 같이 해요. 또 친정 식구나 시댁 식구들이 집에 오더라도 손님이라기보다 같이 일하고 돕는데 한국은 그냥 손님인 것 같아요. 제가 출산하고 퇴원해 집에 왔을 때도 같은 일들이 있어서 서운했어요.

좋아하는 음식은?

갈비, 김치찌개를 특히 좋아해요. 한국 음식은 몇몇 빼놓고는 거의 다 좋아해요.

다문화가족을 위해 한국 정부에서 해주었으면 하는 일이 있다면 무엇인지요?

아이 돌보미를 해줄 사람을 결혼이주여성 나라에서 데려올 수 있도록 지원해 줬으면 좋겠어요. 그러면 엄마의 나라에 대해 언어, 문화 등을 좀 더 쉽게 이해할 수도 있고 아이들의 영어 교사 역할도 할 수 있을 것 같아요. 또 다문화 가족은 대부분 아이가 세네 명으로 많아요. 그러다 보니 자연히 경제적으로 부담이 돼요. 무엇보다 외국인들이 살 수 있는 집이 있었으면 좋겠어요. 아이들이 많다 보니 이웃과 좋지 않은 일들이 생겨서 속상해요.

앞으로 개인적인 계획은?

서울 혜화동 성당 앞에 지금의 가게 이름 달고 음식점을 운영할 예정이에요. 지금 이 가게는 그대로 두고 그곳은 주말에만 할 거예요. 필리핀 사람들이 주말에는 성당을 많이 찾는데 그때 그분들에게 필리핀 음식을 만들어 주고 싶어요.

서울에서도 입소문으로 찾는다는 푸드 마트 사장 J씨. 한국의 지방 도시 한가운데에 자신의 이름을 내걸고 당당히 일을 하는 그는 다문화가족과 외국인 노동자들에게 말하고 싶단다. 사는 게 힘들더라도 알뜰하게 생활하고 열심히 일하다 보면 경제적으로 자립할 수 있고 꿈을 이룰 수 있다고. 외국인이 모일 수 있는 축제가 없어지고 있는 것이 아쉬워, 자신의 가게 한쪽에 공간을 마련한 사람 좋아하는 따뜻한 마음씨의 소유자인 그의 서울 사업도 잘되기를 바란다.

위 사례는 모 방송국 다문화가족 프로그램 담당자가 인터뷰어에게 TV에 출연할 수 있게 섭외해 달라는 연락을 주기도 했다. 아쉽게 J씨 가족 사정으로 출연하지는 못했다. 방송국 측의 응원의 마음이 그에게도 전달되었기를 염원한다.

18

나만의 가게를 운영하고 싶어요!
: 필리핀에서 온 J씨(2015년 12월 인터뷰)

온몸을 파고드는 겨울 추위가 잠깐 비켜 간 12월 첫째 주 일요일 오후에 지역아동센터 송년 가족 모임에 참석한 J씨를 만났다. 그는 필리핀 북부 딸락에서 시집온 결혼이주여성이다. 행사장에 들어서자 지역아동센터에 다니는 아동들과 가족, 관계자들로 북적거린다. 그도 남편, 딸 둘과 아들과 함께 참석했다. 막내는 필리핀 친정집에서 키워주고 있다.

그는 최근 취미로 기타를 배웠다. 오늘은 그 실력을 뽐내는 날이다. 먼저 딸아이가, 아들과 함께 '코끼리 아저씨'라는 곡을 흥겹게 연주해 참가자들의 큰 박수를 받는다. 다음 차례에서는 다른 학부모들과 함께 동요, 가요 몇 곡을 연주하여 환호를 받는다. J씨와의 인터뷰를 통해 다문화가족으로 살아가는 생각을 들어본다.

한국에 오시기 전에 필리핀에서는 어떤 일을 했고 어떻게 생활했는지요?

필리핀 북부 딸락에서 살았어요. 가족으로는 엄마와 언니, 남동생 셋, 여동생 세 명이 있어요. 팔 남매 중 제가 둘째예요. 대학을 졸업하고 일본 회사인 '산요'를 5년간 다녔지요.

언제 한국에 오셨고, 동기나 계기를 말씀해 주시겠어요?

2006년에 한국에 왔어요. 먼저 한국에 와서 생활하고 있던 사촌 언니 초대로 왔다가, 그 언니 소개로 지금의 남편을 만났어요. 만나서 얘기를 나누다 보니 마음에 들어 결혼하게 되었어요.

지금 어떤 일을 하고 있는지요?

주민자치센터에서 영어를 가르치고 있어요. 가르치는 시간은 오후 2시에서 6시까지요. 급여는 적지만, 4대 보험이 가입되어 안심이에요.

한국 생활 중 즐거운 점과 애로사항은 무엇인지요?

즐겁고 행복한 일은 가족과 함께 하는 일이에요. 저에게 가족은 행복 그 자체예요. 어려운 점이라면 아직 한국말을 잘하지 못해 조금 답답해요.

한국에서 경험한 일 중 가장 인상 깊은 일은요?

주민자치센터에서 주관해서 경험하게 된 가족여행이에요. 가족 모두 판문점 견학 후 사과 따기 체험, 바비큐 파티 등을 했던 것이 기억에 남아요.

사람들의 생각, 문화 등 한국과 필리핀을 비교했을 때 가장 두드러진 점은 무엇이라 생각하는지요?

필리핀은 서로서로 돕는 문화예요. 이에 비해 한국 사람들은 자기중심적인 경향이 있는 것 같아요. 필리핀에서는 남자도 집안일을 함께 하는 것을 당연하게 생각해요.

좋아하는 음식과 취미는 무엇인지요?

좋아하는 음식은 갈비, 해장국, 감자탕, 비빔밥 등 거의 다 좋아해요. 장어만 빼고요. 취미로 기타를 치고 있어요.

다문화가족을 위해 한국 정부에서 해주었으면 하는 일이 있다면 무엇인지요?

다문화가족은 대부분 자녀가 많은 편이에요. 좋은 집은 아니더라도 많은 가족이 편하게 살 수 있는 집 문제를 해결해 주면 좋겠어요. 저희도 방 두 개인데 네 가족이 살고 있다 보니, 불편한 점이 있어요. 집 문제는 저뿐이 아니라 다문화가족들이 대부분 하소연하는 문제예요.

앞으로 개인적인 계획은 어떻게 되세요?

필리핀 바비큐를 파는 가게를 하나 운영하고 싶어요. 전에 공장에도 다녔는데 한국 겨울이 너무 추워 어려움이 있었어요. 따뜻하게 나만의 가게를 운영해 보고 싶어요.

그는 지금도 버스를 타면 외국인을 낮게 보거나 나쁜 사람으로 보는 사람들을 만나게 된다고 한다. 어떤 때는 고국 사람과 얘기를 하고 있으면 시끄럽다고 혼내는 사람이 있단다. 한국 사람들처럼 사람을 만나 속내를 얘기하고 있는데, 왜 유난히 외국인에게만 시끄럽다고 하는지 조금은 이해하기 힘들다고 한다. 외국인도 같은 사람으로 봐주었으면 한다고 힘주어 말한다. 그의 부탁처럼 길거리나 가게에서 외국인을 만나면 특별하게 보는 것이 아니라 자연스럽게 대하는 성숙한 시민이었으면 하는 바람이다.

19

30년 만에 돌잔치 하러 다녀왔어요!
: 인도네시아 고향 찾은 J씨(2015년 12월 인도네시아 동행)

2015년 12월 18일부터 27일까지 열흘 간 인도네시아 자카르타, 족자카르타, 발리를 다녀왔다. 인도네시아에서 시집온 J씨와 그의 남편, 두 아이가 함께했다.

그는 반둥에서 8남매의 셋째로 태어났다. 아버지 사업이 화재와 태풍, 그리고 사람들 때문에 어려워져 여기저기 이사를 다녔다. 디자이너가 되고 싶어 의상전문대학에 다녔지만, 집안 형편 때문에 학교를 그만두고 직장생활을 해서 동생들 학비를 충당했다. 그러다 사업차 인도네시아에 온 남편을 만나 한국으로 시집을 오게 되었다.

이번 고향 방문은 집안이 가난해 치르지 못한 그의 늦은 돌잔치와 딸아이의 돌잔치를 하기 위해서였다. 또 그는 남편과 함께 고향의 어려운 아이들을 돕고 있는데, 이번에도 그들과 만남을 가졌다.

인도네시아는 인구 2억 6천으로 세계 4위, 면적은 남한의 18배, 석유 등 지하자원이 풍부한 가능성의 나라이지만, 아직 생활 정도는 우리나라 1980년대 전후인 듯했다. 자카르타까지는 7시간이 걸렸다. 한국보다 두 시간 늦은 자카르타에는 밤 10시에 도착했다. 공항에는 그의 어머니와 동생들, 지인들이 마중 나와 있었다.

그는 자주 인도네시아를 찾는다. 그래서 자카르타 '릿포 찌까라'라는 외국인을 위한 도시에 집을 가지고 있다. 그 집에는 동생이 생활하고 있다. 그곳에서 교민들도 만났다. 그들은 모두 인도네시아를 가능성의 나라로 평가했다.

도착 3일째에는 그의 고향 수카부미를 찾았다. 아침 일곱 시 반경에 출발했는데, 도로가 정체되었다. 비가 내리는데 정체 구간에서는 우리나라처럼 먹을 것을 파는 사람이 있고, 기타를 치며 운전자와 탑승자를 위로해 주는 소년도 있었다.

수카부미에는 그의 아버지가 살고 계신다. 인도네시아에서는 돌 때 남자 아이는 염소 두 마리, 여자 아이는 한 마리를 잡아 제를 지낸 후 서로 나눠 먹는 '아께까'라는 행사를 치른다고 한다. 그는 현재 31세인데, 어렸을 때 집이 가난해서 염소를 잡지 못했다. 수카부미에 도착해 염소 두 마리를 잡아 자신의 '아께까'와 24개월 딸 아이의 '아께까'를 했다.

그는 본인처럼 어려운 가정형편의 아이들을 꾸준히 돕는다. 고향 수카부미 마을 공부방에서 부모 없이 친지와 지내는 아이들 10여 명에게, 그의 친정이 있는 보고르에서 부모가 없는 아이들 20여 명에게 먹을 것과 생활필수품을 전해주었다. 그 아이들에게 무엇이 되고 싶은지 물어보았다. 여자 아이들은 대부분 선생님을 말했다. 남자아이들은 경찰, 비행사, 축구선수 등이 되고 싶단다.

고향을 떠나와 한국으로 시집을 왔지만 한국과 고향 인도네시아를 계속 이어주고 있다. 자카르타 외에 족자카르타, 발리 등을 그의 안내로 함께 다녔다. 그는 가는 곳마다 친구들을 두고 있었다. 그는 좋은 성품으로 한번 맺은 인연을 계속 이어나가고 있다.

그는 현재 육아와 고국 사람들을 대상으로 의류와 매운 고추·순무·콩 등의 야채, 건강식품 등을 판매하고 있다. 그의 꿈은 자신의 가게를 갖는 것인데 한국에서도 인도네시아에서도 근면하고 다른 사람을 잘 돕고 친절한 그가 꿈을 이루길 기원해 본다.

20

피부색이 아닌 마음이 중요해요!
: 필리핀에서 온 R씨(2016년 3월 인터뷰)

얼었던 땅이 녹고 바람이 봄기운을 싣고 있던 3월 6일 일요일 밤에 K면을 찾았다. 필리핀에서 결혼이주여성으로 온 R씨를 만나기 위해서다. 주중에는 다문화이해 강사와 영어 강사, 일요일에는 한국말이 많이 서툰 외국인을 대상으로 한국어 교육을 하고 있어 바쁜 날을 보내고 있었다. 그래서 밤늦게 집으로 만나러 갔다.

약속 시간 조금 전에 집 근처에 도착했는데 50대 정도의 남성과 초등학생으로 보이는 남자아이가 쓰레기를 들고 나온다. 그의 남편과 아들로 그들을 따라 집안으로 들어섰다. 집 안에 들어서자 R씨가 반긴다. 찻잔을 앞에 두고 그와의 인터뷰를 시작했다.

그의 남편도 자리를 같이 했다. 중학교 1학년인 딸은 아빠가 1주일에 한 번 집에 오는 덕분에 안방을 차지한 채 나오지 않는다. 초등학교 6학년 장남과 5학년 막내는 작은방에서 제 할 일들을 한다.

언제 한국에 오셨고, 동기나 계기를 말씀해 주시겠어요?

2002년 5월에 한국에 왔지요. 벌써 14년이 되었군요. 남편 고향인 강원도에서 8년 동안 살았어요. 아시다시피 필리핀은 대부분 가톨릭을 믿고 있지요. 저도 마찬가지예요. 2001년 어느 날 성당에서 교육 후에 한국에서 온 사람들과의 만남이 있었어요. 열다섯 명 정도의 한국 남성들이 있었는데 남편은 성실하고 착해 보였어요.

남편과 부모님 몰래 결혼을 했어요. 부모님은 엄격하신 분들이라 얘기를 못하고 있는데, 할아버지가 결혼사진을 보셨어요. 남편 사진을 보더니 인상이 좋다며 괜찮다고 해서 부모님께도 알렸어요. 할아버지는 한국전에 참전한 경험이 있어 한국에 특별한 애정을 갖고 있었어요.

지금 어떤 일을 하고 있으세요?

다문화 이해 강사로 활동하고 있어요. 일주일에 2~3회 정도 유치원이나 어린이집, 초등학교, 중학교에 가서 필리핀 문화와 역사 등에 대해 전하고 있어요. 또 주민자치센터에서 1주일에 5일간 하루에 네 시간씩 영어도 가르쳐요. 개인적으로 영어를 가르쳐 달라는 가정이 있어 집으로 찾아가 가르치기도 해요. 늘 바쁘지만 그래도 이 생활이 행복해요.

한국에서 강사 활동을 많이 하시네요. 한국에 오시기 전에 필리핀에서는 어떤 일을 하셨나요?

사범대학을 나와 초등학교 교사로 근무했어요. 필리핀도 한국처럼 초등학교 교사는 전 과목을 다 가르쳐요. 교사로 근무한 지 6개월째 남편을 만나 한국에 왔어요.

필리핀 친정에서는 야채 가게를 하시던 부모님은 돌아가셨고 10형제가 살고 있지요. 10형제 중 저는 다섯 번째예요. 가족과 함께 3년에 한 번 정도 가고 있어요.

한국 생활 중 즐거웠던 일과 힘들었던 일은 무엇인지요?

저희 친정 가족이 대가족이듯이 시댁도 형제가 9명이나 돼요. 시댁 가족이 다 모이면 즐거워요. 옆에서 남편도 거들며 가족들이 자기보다 아내를 더 좋아해서 시샘이 나기도 한다고 한다.

힘들었던 점은 처음에 한국말을 못해 서로 의사소통이 어려움이 있었던 점이에요. 대가족 집안 살림하랴 농사일 거들랴 아이들 키우랴 힘들었어요.

한국에서 경험한 일 중 가장 인상 깊은 일은요?

강원도에서 P시로 이사했던 일이요. 이곳이 생활하기 편하고 좋아요.

사람들의 생각이나 문화 등 한국과 필리핀의 가장 두드러진 차이점은 무엇이라 생각하는지요?

필리핀은 아이들을 존중해요. 한국에서는 어르신 먼저 하는 것이 예의라고 생각하는데, 필리핀에서는 아이들을 먼저 하게 하지요.

아이들 교육 면에서 한국은 부모가 아이들 일을 다 해주고 있는데 필리핀에서는 아이들 스스로 하게 해요. 설거지, 청소, 부엌일도 해요. 자기 일은 자신이 해야 한다는 것을 몸에 익히게 하지요. 한국에서는 부모들이 다 해주므로 힘든 일에 부딪히면 쉽게 좌절하고 자살로도 이어지는 거 같아요. 필리핀은 자살이 거의 없어요.

문화적으로 다른 점은 필리핀에서는 성탄절을 '페스타'라고 하여 3일 정도 치러요. 그때는 통돼지바비큐나 잡채 등을 먹어요. 또 한국의 추석과 같은 명절인 '올 소술 데이'가 있는데, 저녁에 공원묘지에 가서 밤을 새고 아침까지 있어요.

좋아하는 음식과 취미는 무엇인지요?

한국 음식은 다 좋아해요. 특별히 돼지갈비를 참 좋아해요. 취미는 노래와 춤추는 거예요. 필리핀에서는 시 쓰는 것도 좋아했어요.

앞으로 개인적인 계획은요?

하고 싶은 일 중 하나는 야채나 옷 가게를 해보고 싶어요. 또 하나는 대학원에 가서 교사 자격을 취득해서 정식 교사로 아이들을 가르치고 싶어요. 먼 장래에는 필리핀에 가서 한국과 관련된 일을 해보고 싶어요.

친구 관계가 좋은 세 아이를 둔 그가 마지막으로 시민들에게 바라는 점을 이야기했다. "외국인에 대해 피부색만 보고 편견을 가지지 말아줬으면 해요. 피부색이 다르다는 이유로 기분이 좋지 않은 경험을 한 적이 있어요. 피부색이 아니라 마음이 중요한데 말입니다"라고 힘주어 말한다.

그의 말처럼 다문화가족들에 대해 피부색이 아닌 마음이 더 중요하다는 생각을 가진 성숙한 시민이 많아졌으면 하는 바람이다.

CHAPTER 05

난민[1]가족 · 유학생 사례

– 예멘, 카메룬 출신

01

6남매를 둔 유학파 엔지니어 : 예멘에서 온 A씨와 그 가족(2016년 2월 인터뷰)

바람 끝에 벌써 봄 향기를 품고 있던 일요일 오후에 K 시내를 찾았다. 예멘에서 온 A씨 가족을 만나기 위해서다. 전화로 오라는 곳으로 갔더니 마중을 나왔다.

A씨 가족은 대가족이다. 아내와 여섯 명의 자녀와 살고 있다. 이 가족은 사연이 깊다.

A씨와 그의 아내는 버스에서 만났다. 그는 아내의 따뜻한 마음씨에 반했고, 아내는 A씨의 착한 마음에 반했다. 그의 아내는 아들을 반군에 넣고, 큰딸을 시집 보내려고 한 아이들의 친아빠를 피해 A씨와 말레이시아로 갔다. 말레이시아에서 A씨가 10년 동안 유학한 곳이다. 그는 대학에서 기계공학을 전공했다. 그곳에는 1년도 채 머물지 않고, 1년 반 전인 2014년 7월에 한국에 왔다.

한국에 도착한 후 출입국관리국 쉼터에서 6개월 정도 생활했다. 그는 전공을 살려 엔지니어로 일하고 있다. 이전에는 목재업, 빵 만들기, 옷 만들기, 물류센터 근무 등 다양한 일을 거쳤다. 아내도 김치공장, 휴대전화 만드는 곳

1) 난민 : 자국의 상황의 의해서 자의적 · 비자의적으로 자국을 나오게 된 개인(방기연, 2020).

등에서 시간제 아르바이트로 닥치는 대로 일을 했다. 지금은 허리가 좋지 않아 쉬고 있다.

아이들은 막내 초등학교 1학년부터 중학교 3학년까지 줄줄이 학교에 다닌다. 집세와 가스·전기요금을 포함해서 월 50만 원이 들어가고, 그 외에 아이들이 학교에 내는 돈, 옷값, 생활비로 혼자 벌어 생활하기 힘든 상황이다. 다행히 지역에 있는 아동센터에서 많이 도와주기는 해도 역부족이다. 힘든 생활 중에 지난 설 명절 때는 예멘에서 살다 온 지인의 초대를 받아 온 가족이 가평에 다녀왔다. 떡국도 먹고 눈썰매도 타는 등 즐거운 시간을 보냈다.

중학교 3학년인 큰딸은 학교에서 공부하는 것이 힘들지만 열심히 해서 나중에 가수나 의사가 되고 싶다고 한다. 둘째는 친구를 좋아해 친구 집에 가고 없었다. 그는 공대를 나온 아빠를 닮았는지 수학을 좋아한단다. 셋째는 건강이 좋지 않으나 빨리 나아서 공부를 열심히 해 과학 선생님이 되고 싶다고 한다. 넷째는 모델이나 가수가 되고 싶고, 다섯째도 가수가 되고 싶다고 한다. 막내는 태권도 선수를 꿈꾼다.

A씨는 인터뷰를 마치고 시험공부를 해야 한다며 안방으로 들어간다. 회사에서 하는 일과 관련해서 매일 시험을 본다. 시험은 그가 한국어와 일에 빨리 익숙해지기 위해 돕는 사장의 배려라고 한다. 전공을 살려 일하고 있어 행복한 그는 이 일을 계속하고 싶다. 힘들지만 아이들의 꿈을 키워주고 싶다. 그의 바람대로 한국에 정착한 아이들이 각자 가지고 있는 재능을 발휘해 꿈을 이루길 바라본다.

02

대학 설립 꿈을 꾸는 안경학도 : 카메룬에서 온 K씨(2014년 6월 인터뷰)

P시에 외국인이 모이는 교회가 있다. 매일 두 번째 일요일은 다른 교회 이주민선교팀원들이 찾아와 함께 예배를 드리고 교제를 나눈다. 2014년 6월 8일에는 축구시합도 가졌다. 참가 외국인은 주로 아프리카 나이지리아, 가나, 카메룬, 남아프리카공화국에서 온 근로자, 학생들이다.

농장에서 일하면서 한국어를 배우고 있는 K씨는 "한국 사람은 친절해서 생활하는 데 크게 어려움이 없어요. 단 겨울이 너무 추워요. 나중에 한국에서 대학에 가고 싶어요"라고 한다.

대학 교수와 대학 설립을 꿈꾸면서 대학원 석사과정에서 안경공학을 공부하는 K씨를 만나 한국 생활과 장래 희망 등에 대해 얘기를 나눴다.

한국에는 언제 왔으며 오게 된 동기나 계기는?

2013년 3월에 카메룬에서 왔습니다. 1년 동안 서울대학교에서 한국어를 공부했습니다. 한국에 온 이유는 카메룬에는 제가 배우고 싶은 안경공학 분야의 전공자가 거의 없었기 때문입니다. 한국은 기술이 좋은 나라로 알려져 있습니다. 그래서 그 기술을 배우고 싶어 왔습니다.

학교생활은 어떤지요?

즐겁게 잘하고 있습니다. 기숙사 생활을 하며, 매일 실험실에서 연구하고 있습니다. 일주일에 두 번은 친구들과 축구를 합니다. 그 친구들은 나에게 한국어나 한국문화를 가르쳐 주기도 합니다.

한국의 좋은 점과 개선했으면 하는 점은?

현재 다니고 있는 교회처럼 우리에게 도움을 주고 있는 곳들이 있어 좋습니다. 목사님은 아프리카에서 온 우리 형제자매들의 아버지 역할을 해주고 계십니다. 이 지면을 빌려 다시 한번 감사하다는 말씀을 드리고 싶습니다. 한국 정부나 지자체에서도 좀 더 적극적으로 이런 역할을 해주면 좋겠습니다.

한국 생활 중 기억나는 에피소드와 한국에서의 앞으로의 계획은?

지난 2월에 한국안전학회 춘계학술대회에 참가했던 일이 보람되었고 가장 인상 깊게 남아 있습니다. 석사과정을 마치고 한국에서 박사과정 공부까지 할 예정입니다.

장래 꿈은?

아프리카의 발전을 위해 일하고 싶습니다. 한국에서 열심히 공부해서 그 꿈을 이루고자 합니다. 구체적으로는 한국에서 배운 기술을 가르칠 수 있는 좋은 대학을 설립하고 싶습니다. 이는 경제적 지원이 필요한 일입니다. 그래서 저의 꿈을 도울 수 있는 있는 분을 만나기를 기도하고 있습니다.

K씨는 형 두 명, 누나 두 명, 여동생 두 명으로 3남 4녀 중 다섯째로 태어나 많은 사랑을 받고 자란 것 같다. 부모님은 돌아가시고 현재 캐나다에 있는 형이 학비 등 경제적 지원을 해주고 있다. 물론 자신이 방학 때는 아르바이트를 한다. 한국의 비빔밥을 좋아한다는 그처럼, 피부색은 다르지만, 그들과 함께 할 수 있는 기관이나 시민들이 더 많아졌으면 한다.

부록

■ 세계인권선언(30개 조항)

1948년 12월 10일 유엔총회 제정

인류 가족 모두의 존엄성과 양도할 수 없는 권리를 인정하는 것이 세계의 자유, 정의, 평화의 기초다. 인권을 무시하고 경멸하는 만행이 과연 어떤 결과를 초래했던가를 기억해 보라. 인류의 양심을 분노케 했던 야만적인 일들이 일어나지 않았던가?

그러므로 오늘날 보통 사람들이 바라는 지고지순의 염원은 '이제 제발 모든 인간이 언론의 자유, 신념의 자유, 공포와 결핍으로부터의 자유를 누릴 수 있는 세상이 왔으면 좋겠다'는 것이리라.

유엔헌장은 이미 기본적 인권, 인간의 존엄과 가치, 남녀의 동등한 권리에 대한 신념을 재확인했고, 보다 폭넓은 자유 속에서 사회진보를 촉진하고 생활수준을 향상시키자고 다짐했었다.

그런데 이러한 약속을 제대로 실천하려면 도대체 인권이 무엇이고 자유가 무엇인지에 대해 모든 사람이 이해할 수 있도록 하는 것이 가장 중요하지 않겠는가?

유엔총회는 이제 모든 개인과 조직이 이 선언을 항상 마음속 깊이 간직하면서, 지속적인 국내적 국제적 조치를 통해 회원국 국민들의 보편적 자유와 권리신장을 위해 노력하도록, 모든 인류가 '다 함께 달성해야 할 하나의 공통기준'으로서 '세계인권선언'을 선포한다.

제1조

모든 사람은 태어날 때부터 자유롭고, 존엄하며, 평등하다. 모든 사람은 이성과 양심을 가지고 있으므로 서로에게 형제애의 정신으로 대해야 한다.

제2조

모든 사람은 인종, 피부색, 성, 언어, 종교 등 어떤 이유로도 차별받지 않으며, 이 선언에 나와 있는 모든 권리와 자유를 누릴 자격이 있다.

제3조

모든 사람은 자기 생명을 지킬 권리, 자유를 누릴 권리, 그리고 자신의 안전을 지킬 권리가 있다.

제4조

어느 누구도 노예가 되거나 타인에게 예속된 상태에 놓여서는 안 된다. 노예제도와 노예매매는 어떤 형태로든 일절 금지한다.

제5조
어느 누구도 고문이나 잔인하고 비인도적인 모욕, 형벌을 받아서는 안 된다.

제6조
모든 사람은 법 앞에서 '한 사람의 인간'으로 인정받을 권리가 있다.

제7조
모든 사람은 법 앞에 평등하며, 차별 없이 법의 보호를 받을 수 있다.

제8조
모든 사람은 헌법과 법률이 보장하는 기본권을 침해당했을 때, 해당 국가 법원에 의해 효과적으로 구제받을 권리가 있다.

제9조
어느 누구도 자의적으로 체포, 구금, 추방을 당하지 않는다.

제10조
모든 사람은 자신의 행위가 범죄인지 아닌지를 판별받을 때, 독립적이고 공평한 법정에서 공평하고 공개적인 심문을 받을 권리가 있다.

제11조
범죄의 소추를 받은 사람은 자신을 변호하는 데 필요한 모든 것을 보장받아야 하고, 누구든지 공개재판을 통해 유죄가 입증될 때까지 무죄로 추정될 권리가 있다.

제12조
개인의 프라이버시, 가족, 주택, 통신에 대해 타인이 함부로 간섭해서는 안 되며, 어느 누구의 명예와 평판에 대해서도 타인이 침해해서는 안 된다.

제13조
모든 사람은 자기 나라 영토 안에서 어디든 갈 수 있고, 어디서든 살 수 있다. 또한 그 나라를 떠날 권리가 있고, 다시 돌아올 권리도 있다.

제14조
모든 사람은 박해를 피해, 타국에 피난처를 구하고 그곳에 망명할 권리가 있다.

제15조
누구나 국적을 가질 권리가 있다. 누구든지 정당한 근거 없이 국적을 빼앗기지 않으며, 자기 국적을 바꾸거나 다른 국적을 취득할 권리가 있다.

제16조
성년이 된 남녀는 인종, 국적, 종교의 제한을 받지 않고 결혼할 수 있으며, 가정을 이룰 권리가 있다. 결혼에 관한 모든 문제에 있어서 남녀는 똑같은 권리를 갖는다.

제17조
모든 사람은 혼자서 또는 타인과 공동으로 재산을 소유할 권리가 있다. 어느 누구도 자기 재산을 정당한 이유 없이 남에게 함부로 빼앗기지 않는다.

제18조
모든 사람은 사상, 양심, 종교의 자유를 누릴 권리가 있다.

제19조
모든 사람은 의사표현의 자유를 누릴 권리가 있다.

제20조
모든 사람은 평화적인 집회 및 결사의 자유를 누릴 권리가 있다.

제21조
모든 사람은 직접 또는 자유롭게 선출된 대표자를 통해, 자국의 정치에 참여할 권리가 있다. 모든 사람은 자기 나라의 공직을 맡을 권리가 있다.

제22조
모든 사람은 사회의 일원으로서 사회보장을 받을 권리가 있다.

제23조
모든 사람은 일할 권리, 자유롭게 직업을 선택할 권리, 공정하고 유리한 조건으로 일할 권리, 실업상태에서 보호받을 권리가 있다. 모든 사람은 차별 없이 동일한 노동에 대해 동일한 보수를 받을 권리가 있다.

제24조
모든 사람은 노동시간의 합리적인 제한과 정기적 유급휴가를 포함하여, 휴식할 권리와 여가를 즐길 권리가 있다.

제25조
모든 사람은 먹을거리, 입을 옷, 주택, 의료, 사회서비스 등을 포함해 가족의 건강과 행복에 적합한 생활수준을 누릴 권리가 있다.

제26조
모든 사람은 교육받을 권리가 있다. 초등교육과 기초교육은 무상이어야 하며, 특히 초등교육은 의무적으로 실시해야 한다. 부모는 자기 자녀가 어떤 교육을 받을지 '우선적으로 선택할 권리'가 있다.

제27조
모든 사람은 자기가 속한 사회의 문화생활에 자유롭게 참여하고, 예술을 즐기며, 학문적 진보와 혜택을 공유할 권리가 있다.

제28조
모든 사람은 이 선언의 권리와 자유가 온전히 실현될 수 있는 체제에서 살아갈 자격이 있다.

제29조
모든 사람은 자신이 속한 공동체에 대해 한 인간으로서 의무를 진다.

제30조
이 선언에서 말한 어떤 권리와 자유도 다른 사람의 권리와 자유를 짓밟기 위해 사용될 수 없다. 어느 누구에게도 남의 권리를 파괴할 목적으로 자기 권리를 사용할 권리는 없다.

출처 : 국가인권위원회.

맺는말

저자가 직접 인터뷰한 사례에 나와 있듯이, 다문화가족은 '다문화가족'이 아닌, 그냥 '행복한 가족'으로 살고 싶어 한다. 편의상 사용하고 있지만, '다문화가족'이란 말 자체가 구별 짓고 있기 때문이다.

다문화가족 자녀의 언어 발달을 위해서는 교육현장에서 또래관계를 신경써 주어야 한다. 또 결혼이주여성을 비롯하여 다문화가족을 다문화이해 강사로 활용하기를 권한다. 그보다 더 좋은 강사는 없다고 본다. 직접 자신의 나라 인사말, 동요, 동화를 들려주고, 의상을 보여주고, 음식을 만들어 먹어 보는 시간은 그야말로 살아있는 다문화 체험이 된다. 이러한 활동으로 다문화가족 아이는 부모에 대한 자긍심을 가질 수 있고, 한국 부모만 둔 아이는 다양한 문화를 접할 좋은 기회이다.

자신의 자녀가 결혼이주여성 아이들과 함께 놀지 못하게 하는 부모가 있다. 내가 맡은 박사과정 아동복지 강의 중 어린이집 원장이 전한 얘기다. 놀지 못하게 할 뿐만 아니라, 초등학교 입학을 위해 다문화가족이 적은 지역으로 이사 가기도 한단다. 이는 자녀가 문화의 다양성을 갖춰 풍요롭게 성장할 기회를 놓치고 있음을 알아야 한다. 다문화가족에 대한 잘못된 고정관념과 편견을 없애기 위해서는 부모들이 먼저 그들과 '친구'가 될 기회를 만들어 보길 적극적으로 권한다. 가까이서 만나 이야기를 나눠보면, 출신지가 어느 나라이든 똑같이 '사람'임을 알 수 있기 때문이다.

다문화가족과 외국인 근로자가 한국어로 발표하는 곳에 다녀온 적이 있다. 각국에서 온 결혼이주여성, 외국인 근로자, 중도입국자녀, 다문화가족 아이 등, 다양한 입장에서 한국말로 발표를 했다. 350여 석 자리가 꽉 찼다. 인도네시아, 캄보디아, 방글라데시, 필리핀, 중국, 베트남 등 각국에서 온 사람들과 그 가족들이 자리를 함께했다.

가족과 함께하는 행복한 생활, 개구쟁이 동생, 마음먹기에 행복은 달라진다, 꿈은 이루어진다, 제2의 고향인 한국에 관한 내용들이었다. 발표자는 6명이 각각 5분씩 발표를 했다. 중간에는 센터장을 비롯한 다문화가족지원센터 직원과 한국어 강사로 구성된 우쿨렐레 축하 공연이 있었다. 마무리 공연으로 마지막에는 한국어를 배우고 있는 결혼이주여성들로 구성된 합창이 있었다.

모두 인상적이었다. 특히 초등학교 2학년 L 어린이의 발표는 이중언어력에 대해 생각해 보게 했다. 내용은 두 살짜리, 개구쟁이 남자 동생에 대한 얘기였다. 발표 시간 5분을 한국어와 중국어로 발표를 했다. 중국어는 알아들을 수는 없었지만, 막힘없이 차분하게 말했다. 엄마는 사범대학에서 역사를 전공했다.

한국 엄마를 둔 아이 중, 이날 발표를 한 L 어린이처럼 한국어와 중국어를 잘할 수 있는 아이가 몇 명이나 될까. 거의 없으리라 본다. 다문화가족 아이는 자연스럽게 이중언어를 배울 수 있는 환경에 놓여있다. 한국어와 동시에 중국어를 유창할 수 있다는 것은 큰 자산임이 틀림없다. 이중언어가 가능한 아이들의 능력을 인식해야 한다. 아이의 엄마가 외국에서 왔다는 부정적인 인식은 바뀌어야 한다.

다문화 환경에 놓인 아이들의 꿈과 그 부모를 응원하며

최 순 자

참고문헌

김계현(2002). **카운슬링의 실제**. 서울 : 학지사.

민성혜・김혜숙・강복정(2011). **다문화 보육의 이해와 적용**. 서울 : (재)한국보육진흥원.

모경환・이혜진・임정수(2010). 다문화 교사 교육과정의 실태와 개선방안 : 2010년 교과과정을 중심으로. **다문화교육**, 1(1), 21-35.

박선연(2002). 그림책을 활용한 다문화교육 프로그램이 유아의 인종 및 타문화에 대한 태도에 미치는 효과. 성균관대학교 대학원 석사학위논문.

박신경(2008). 그림 도서의 문화소재를 활용한 다문화 교육 방안. 서울교육대학교 교육대학원 석사학위논문.

방기연(2020). **다문화상담**. 경기 : 공동체.

사단법인 국경없는 마을(2006). 사단법인 국경 없는 마을 리플릿.

신은희・노성향・윤매자・이찬숙・최현정・신지현(2012). **다문화 사회와 가정**. 경기 : 공동체.

송윤선・이미나・김영춘・박상희・김밀양・장은동・박광희(2019). **다문화가족복지와 상담**. 경기 : 공동체.

이근매・조용태・김용수(2014). **다문화가족 갈등관리의 이론과 실제**. 서울 : 학지사.

이순형・권미경・최인화・김미정・김혜라・권윤정(2011). **유아다문화교육**. 경기 : 교문사.

장인실(2008). 다문화교육을 위한 교사 교육 교육과정 모형 탐구. **초등교육연구**, 21(2), 281-305.

장인실・김경근・모경환・민병곤・박성혁・박철희・성상환・오은순・이윤정・정문성・차경희・차윤경・최일선・함승환・허창수・황매향(2014). **다문화교육의 이해와 실천**. 서울 : 학지사.

채정란(1999). 다문화 교육의 관점에서 본 우리나와 다른 나라 생활주제 분석. 한국교원대학교 대학원 석사학위논문.

최현정・이찬숙・신지현・노성향・신은희・윤매자(2012). **영유아 다문화 교육의 이론과 실제**. 경기 : 공동체.

패트리시아 램지 저, 박혜준・박새롬・서진실・이보람 공역(2012). **유아 다문화 교육론**. 경기 : 교문사.

崔順子(2006). 韓国における異文化間教育研究, 山田千明編著, **多文化に生きる子どもたち**. 東京 : 明石書店.

Bennett, C. I.(2007). *Comprehensive Multicultural Education*(6th ed.). Boston : Pearson.

Brockmann, S.(2006). Diversitaet und Vielfalt im Vorschulbereich : zuinterkulturellen und antirassistischen Ansaetzen, BIS-Verlag, Oldenvurg. Statistisches Bundesamt Deutschland, 2010.

국가인권위원회. 세계인권선언문.

국제아동발달교육연구원 홈페이지. http://cafe.daum.net/ICDEI.

최순자(2012~2016). 파주싱싱뉴스, 다문화관련 기사.

EBS. 지식채널e, 눈의 착각.

저/자/약/력

■ **최순자**

국제아동발달교육연구원장, 동 연구원 부설 공명재학당 학장이다. 대학에서 아동발달, 부모교육, 교육심리 등을 강의하고 있다. 역사의 격동기 때 대학에서 한국사를 전공했다. 이후 건강한 사회를 만들기 위해서는 어린 시기부터의 교육이 중요함을 깨닫고 동경에서 7년 동안 관련 공부를 했다.

〈부모의 양육태도와 유아의 사회도덕성 발달－한일비교〉로 박사 학위를 받았다. 저서(공저 포함)로는 〈아이가 보내는 신호들〉, 〈아이의 마음 읽기〉, 〈별을 찾는 아이들(동화)〉, 〈다문화를 살아가는 어린이들(동경, 공동)〉, 〈글로벌 시대 부모교육〉, 〈발달심리학자 입자에서 본 조기교육론(역서)〉, 〈원탁 시네마 : 한국 중국 일본 베트남 영화로 만나는 문화토론(역서)〉, 〈나는 스승이다〉 등이 있다. 보건복지부 부모교육 강사, 대상관계상담심리사로 맞춤형 부모교육을 하고 있으며, 대학과 대학원에서 후학을 양성하고 있다. 연구원에서는 부모교육강사, 아동상담심리사, 대상관계상담심리사, 다문화가족상담사 자격과정과 공부하는 이들의 대중서 쓰기 교육 등을 한다.

홈페이지 : 국제아동발달교육연구원&공명재학당(다음 카페) http://cafe.daum.net/ICDEI
메일 : kje06@naver.com

인터뷰 사례 중심

상호주의관점 다문화 이해와 실제

|**저자**| 최순자

|**1판 1쇄**| 발행 2022년 7월 15일

|**발행인**| 김동훈
|**발행처**| **공동체**

|**주소**| 경기도 고양시 일산동구 호수로 358-39, 동문타워 1차 905호(백석동)
|**전화**| 031-814-3000
|**팩스**| 031-814-3100
|**홈페이지**| http://www.compub.co.kr
|**전자우편**| compub@naver.com
|**출판등록**| 2005년 10월 6일
|**등록번호**| 제396-2005-36호

|**ISBN**| 979-11-6725-187-9
정가 12,000원